本书为国家社会科学基金青年项目"农村'内生性'志愿服务力量培育与乡村公共性重建研究"阶段性成果

乡土公益叙事

XIANGTU GONGYI
XUSHI

农民志愿者的实践

芦 恒 董桂芬 编著

上海交通大学出版社
SHANGHAI JIAO TONG UNIVERSITY PRESS

内容提要

    本书收集和整理吉林省扶余市农民自发坚持 12 年开展志愿服务的口述总结材料,以展现乡土公益推动乡村振兴的无限潜能。该书还收录了农民志愿者自创的关于农民志愿服务的歌曲、诗歌、小品、三句半等文字内容,以体现农民在弘扬中国特色农村志愿精神方面具有的独特创造力和创新力。

    本书适合对乡村生活和文化及乡村公益志愿服务感兴趣的读者以及社会学研究人员阅读。

图书在版编目(CIP)数据

乡土公益叙事:农民志愿者的实践/芦恒,董桂芬编著.—上海:上海交通大学出版社,2023.11
ISBN 978-7-313-29771-6

Ⅰ.①乡⋯ Ⅱ.①芦⋯ ②董⋯ Ⅲ.①农村文化—中国—普及读物 Ⅳ.①G12-49

中国国家版本馆 CIP 数据核字(2023)第 210512 号

乡土公益叙事:农民志愿者的实践

XIANGTU GONGYI XUSHI:NONGMIN ZHIYUANZHE DE SHIJIAN

编　　著:	芦　恒　董桂芬			
出版发行:	上海交通大学出版社	地　　址:	上海市番禺路 951 号
邮政编码:	200030	电　　话:	021-64071208
印　　制:	上海万卷印刷股份有限公司	经　　销:	全国新华书店
开　　本:	710mm×1000mm　1/16	印　　张:	15.25
字　　数:	238 千字		
版　　次:	2023 年 11 月第 1 版	印　　次:	2023 年 11 月第 1 次印刷
书　　号:	ISBN 978-7-313-29771-6	音像书号:	ISBN 978-7-88941-611-5
定　　价:	68.00 元		

# 序一

在中国乡村社会研究的学术谱系中，我们可以清晰地整理概括出所谓华北派、华南派、华中派、西部派等诸多乡村研究流派，但是，我们在盘点东北乡村社会研究时，却往往会陷于迷茫和困顿。因为在相当长一段时间里，关于东北乡村社会的研究并没有得到学术界过多关注。除了阎云翔以在黑龙江双城县下岬村务农经历为基础，深入分析中国社会的个体化转型以外，具有影响的学术著作也不多见。这主要是因为东北乡村的历史不算久远。自17世纪中期清兵入关后，清朝对东北实施了长达两个多世纪的封禁政策，从而导致那段时期东北大地并非一个村落星罗棋布的地域，而是呈现出一种严重的封禁状态。直到晚清同治、光绪年间发端的"闯关东"浪潮陆续到来后，东北大地才陆续重现村落社会的盛景。东北乡村发展的晚近性自然使得诸多研究者望而却步，不愿投身其中。但笔者认为，上述认识实际上是一种对东北乡村文化的严重误读。因为东北村落文化起源甚早，这从众多的考古发掘成果中可以得到证明。虽然其发展演进呈现出阶段性中断的特色，但还是在发展过程中表现出其独有的特色。以同治、光绪年间发端的关内农民闯关东这一富有历史影响力的事件为例，这些被称为"一担挑"的迁徙者，并不是严酷环境的消极适应者，他们面对来自自然、社会的诸多风险挑战，勇敢地做出了回应，建构起一种特殊形态的村落文化和组织形态。数年前，我曾赴辽宁、吉林、黑龙江等地的乡村做田野调

查，访到很多民间至今口耳相传的富有冒险精神的"闯关东"先民的事迹。在地广人稀、野兽出没的关东大地上，他们为了生存而建立起互帮互助的村组织体系，以克服来自各方面的严酷挑战。因此，关于东北乡村文化及社会的研究，自然成为中华乡村文化研究的重要组成部分，具有不可替代的地位和作用。正是基于上述思考，当我看到芦恒教授即将推出的《乡土公益叙事：农民志愿者的实践》这部书稿时，便不由心头一震，非常兴奋。该书选题的特殊价值在于，试图通过对东北扶余县域若干村落的田野调查和农民的口述分析，揭示东北乡土社会志愿行动的特殊的生成逻辑。我认为这是一部填补东北乡村村落文化研究空白的富有特色的学术著述，值得我们给予特殊关注。

首先，该书从农民自身的角度，收集和整理吉林省扶余市农民自发坚持将近20多年开展志愿服务的口述和总结材料，并展开研究，以展现乡土公益推动乡村振兴的无限潜能。书中扶余市精神文明志愿者协会案例体现的是"农民志愿服务"，体现出农民作为主体，自发开展美化村庄、互帮互助、践行传统美德的主体能动性。这是近年来农村志愿服务体系发展的一个新趋势。随着脱贫攻坚、乡村振兴的深入开展，农民在增收的同时，公共参与能力也被激活，积极投入村庄公共生活之中，呈现出村庄公共性复苏的新特点。在社会学研究的历史上，谈及村落文化，以费孝通为代表的学者曾无情地批判中国乡土社会中的"私"。但费老也指出，这只是问题事实的一面，乡村社会从来就不缺乏"助"。不过，这些互助行为从来就不是凭空发生的。乡土社会中的互助及公益，或来源于宗教，或来源于生产生活中的需求，或来自宗族间的患难相恤。作为日出而作，日落而息的劳动者，农民对其美好生活总是有着丰富的无限寄托的。尤其是当我们将目光投向白山黑水之间的东北大地的时候，我们会发现，在以"闯关东"为主题的东北移民浪潮中，这些来自关内的移民，他们面对的是一个地广人稀、天气酷寒的生存环境。如何建立起一种互助关系，成为严峻的挑战，值得我们给予深入探讨。

其次，该书还努力体现出农民不仅能"干"，而且还能"说"。芦恒教授用大部分的篇幅，收集了农民志愿者主动表达的自发做公益的感受，以及给自身的生活和价值观带来的积极变化过程。此外，该书还收录了农民志愿者自创的关于农民志愿服务的歌曲、诗歌、小品、三句半等文艺作品，以体现农民在亲手打造和美乡村时具有的独特创造力。芦恒教授试图打破专家述说农民故事的精英式叙事格局，让农民充分表达自己对于"公"，这一既熟悉又陌生的概念的真实想法。读者可以从中了解小农做大公益背后所蕴藏的本土性知识。应该说，这是全书的精华部分。

再次，作者试图通过研究探索，展示出农民志愿者共同参与的乡村基层治理的新模式。文中提及的农民志愿者协会成为村庄治理的重要主体，协助村委会美化村庄、调节邻里纠纷、扶助老幼，成为建构乡村社会治理共同体不可或缺的治理主体。该模式值得深入挖掘和提炼，对于助力新时期农村社会治理共同体体系建构，具有重要的学理和实践意义。该书的另一个重要特点在于其丰富的资料性。作者根据长期的田野调查，搜集到大量的口述资料和文献资料，最后汇集成册。这些出自当地农民之手，未加任何修饰加工的讲稿、诗词、歌谣等资料，充溢着浓郁的乡土特色，从中可以看出，农民志愿行动的真实逻辑。正是在这个意义上，作者提出这是农民在自己做、自己说、自己写。

芦恒教授生于贵州，是工厂子弟，就学于东北，博士毕业后留在吉林大学任教，并未有真正意义上的乡土生活经历。但他从就读硕士开始，便特别关注城市边缘群体和乡土社会的最新变动，深入乡村做田野调查，与农民交朋友，撰写和发表了许多研究成果。其潜心专注，令人叹止！这些研究经历表现出社会学研究者特有的人文情怀和专业视角，同时也体现出一位优秀青年学者所具有的底层关怀的学术禀赋。这部著作就是他基于长期的田野调查和深度研究撰写而成。希望此书的出版，能引起社会各界对东北乡村的关注，并就此掀起一股东北乡村研究的新浪潮。我想，这也是芦恒教授出版此书的重要目的，是为序。

田毅鹏

2023 年夏于吉林大学东荣大厦

序二

改革开放以来,大量农村劳动力涌向城市,村庄不仅出现了人口空心化的现象,也出现了乡村伦理道德式微的困境。我曾经看过一部名为《喜盈门》的农村题材老电影。印象最为深刻的一幕是,爷爷在风雨交加的夜晚去抢场,大孙子媳妇强英事先让丈夫和儿女吃完饺子。等爷爷回来后,她却把饺子藏起来,只给爷爷吃馒头。后来强英的女儿小花将藏起来的饺子给爷爷吃,使爷爷非常气愤地抱着被子离家而去。这部电影是赵焕章导演在1981年拍的农村轻喜剧。剧情反映的正是改革开放后对农村经济体制进行了改革,农民过上了好生活,但家庭内部却出现伦理道德危机的真实情况。后来,我们在各类媒体中也不时看到农村出现儿女不赡养父母,儿媳妇对婆婆不好,农村分家闹矛盾的新闻。农村伦理困境随即引起了学者的注意。农村伦理研究学者王露璐教授发出"伦理何以还乡"之问。她强调农民要"记住乡愁"。"根植于乡村生活尤其是乡村人际关系、空间载体和伦理意义,成为一种隐喻着城乡关系和农民身份认同的'现代性的中国话语'。'记住乡愁'充分彰显了乡村振兴背景中伦理'还乡'的价值旨归,伦理'还乡'需要通过乡愁实践的伦理'嵌入',为'记住乡愁'提供有效的实践路径……伦理'还乡'之'还',不是从外部的强行进入或给予,而是原本之'在场'的复归"①。可见,乡村伦

---

① 王露璐:《伦理何以"还乡"——从"乡愁"的哲学表达谈起》,《南京师大学报(社会科学版)》,2022年第4期。

理的回归成为乡村发展，尤其是乡村振兴的重要精神动力，关键在于乡村内生伦理因素的在场和激活。王露璐教授强调伦理自身的"在场性"，最后提出伦理"还乡"助力乡村振兴的路径。也就是说，农民要通过各类文化活动在村庄公共事务中发挥主体作用，激活农民共同的道德记忆，保持乡愁主体与"离乡"与"还乡"之间的张力，不是完全不分良莠地回归传统伦理生活①。近 15 年来，随着脱贫攻坚和乡村振兴战略的深入开展，一些农村确实出现了"伦理还乡"的现象。特别是一些村庄除了通过"文化下乡""国学下乡""和谐家庭评比""道德银行"等形式加强伦理道德建设之外，还积极开展志愿服务，对于激活和提升农村公共公益精神，助力乡村公民道德建设，发挥了不可忽视的作用。2018 年以来，广东省团校志愿服务研究中心，广东省社工与志愿者合作促进会，深入全国 18 个省市的 60 多个县区进行问卷调查。调查发现，近几年来我国农村志愿服务发展较快，改变了以往主要是东部地区、沿海地区发展快的格局，中部、西南、西北、东北地区的农村志愿服务也获得较快发展。农村志愿服务发展的特点体现在，农村党组织推动志愿服务发展，农村志愿服务融入各项重点工作，农民对志愿服务的知晓度增加，农民参与志愿服务的意愿增强，农村志愿服务组织的人才成长，农村志愿服务项目逐渐增多，农村形成助困志愿服务网络，城市志愿组织进入农村服务增多等方面②。可见，近几年勃兴的我国农村志愿服务，日益成为实现"伦理还乡"的重要道德实践路径。

值得注意的是，近几年也出现了农民自发开展志愿服务的"农民志愿服务"，属于农村志愿服务的一种类型。"农民志愿服务"与"农村志愿服务"只有一字之差，但是体现了近几年农村志愿服务发展的新特点。在此，我更倾向于用"乡土公益"的概念来体现农民自发开展公益活动的道德实践。一般而言，当"公益"的概念被提出时，一般与城市科层制的正式组织开展的慈善和志愿服务相关联，或者是社会组织、大学生等外在力量从事的慈善和志愿服务活动。当"公益"前面被加上"乡土"一词时，不同于学术界对于自私小农的道德预设，"乡土公益"体现的是农民作为开展志愿活动的主体，彰显出自我管理、自我服务、自我教育的主体能动性。从 2015 年开始，我们团队进行持续追踪调研的吉林

---

① 王露璐：《伦理何以"还乡"——从"乡愁"的哲学表达谈起》，《南京师大学报(社会科学版)》，2022 年第 4 期。

② 谭建光、马凯、苏敏：《农村志愿服务发展特点及思考》，《中国社会工作》，2021 年第 4 期。

省扶余市精神文明志愿者协会即是"乡土公益"的典型代表。2015 年 4 月,我所在的吉林大学哲学社会学院与该志愿者组织共建"农村志愿服务与社会治理创新实践基地",从制度上加强了双方的联系和合作。以此为依托,我们对该群体进行了问卷调查、半结构式访谈、参与式观察、口述史等研究。"扶余市精神文明志愿者协会"成立于 2011 年 5 月。截至 2021 年底,协会注册志愿者人数超过 3 600 人,全部由当地农民组成。志愿者分布在 14 个乡镇 123 个村庄,成立了 67 个志愿者分会组织。2022 年,该协会被中宣部、中央文明办评为全国学雷锋志愿服务"四个 100"先进典型。概言之,其发展大致经历了三个阶段。

第一阶段,依靠个人善行带动的萌芽阶段。扶余市普通村民刘佩文和张利是农民志愿者协会的创始人。他们作为当地的乡贤,有较高的文化素养,在远近村落拥有较高的文化威望。各村村民有重大庆典或者新房落成,都要请他们写对联,讲道德课。同时,他们也经常被邀请调解家庭矛盾。尤其是张利曾经在 2013 年作为全国乡村基层调解员模范,接受中央电视台《焦点访谈》栏目的采访。此后,其影响力倍增,村民们都亲切地称他为"张利老师"。从 1995 年开始,张利开始到村民家中宣传孝敬、友善、互助等中国传统美德。他能够结合农民日常生活中各类鲜活的事例,在田间地头或者在婚礼等公共场合,将抽象的道理深入浅出地进行讲解。另一方面,张利身体力行践行传统美德。他主动帮助本村中有困难的群体,多次从经济上接济生活有困难的家庭,同时对村中的公共事务十分热心,主动维护村里的街道卫生。在他带头影响下,一些村民开始协助其开展清扫街道、互帮互助、宣传传统美德等活动。此时的志愿活动尚处于萌芽阶段,部分村民只是在其个人魅力的感召下开展志愿活动,规模集中在 20 人左右。

第二阶段,集体共识的发展阶段。经过几年的志愿实践,刘佩文和张利带领的农民志愿者服务范围逐渐扩大,名声在外,影响力日益增大。1995 年,张利自发成立 10 人组成的"学雷锋服务队",带领王家村村民建设村庄,号召村民进行捐款,修整道路,在村口建立起迎宾门,对道路两旁进行绿化。越来越多的村民在学雷锋服务队的感染下,积极开展助人活动。例如,他们逐渐把自己的村庄视为家园,形成了一种超越小农意识的集体共识和公益氛围。

第三阶段,组织规范化与服务全面化的成形阶段。随着农民志愿活动的不断开展,其影响力逐渐向县域以外扩展,志愿服务的形式被广泛采纳。甚至省会长春市高新区黑嘴子村党支部书记也组织人员来参观学习农民志愿服务经验。同时，此类农民自发形成的志愿组织也引起了当时扶余县委、县政府的关注。2011年5月，该组织在扶余县委宣传部大力支持下，正式注册为民间志愿团体，名为"扶余市精神文明志愿者协会"。协会制定正式的协会章程，在总则、工作范围、会员条件、权利义务、组织机构、职责等方面做了明确规定。其最高权力机构为全体会员大会，会员大会由全体会员组成。全体会员大会每五年举行一次。全体会员大会闭幕期间，由理事会行使全体会员大会决议，理事会由会员代表大会采取民主协商方式推举产生，每届任期五年。理事会由会长、副会长、秘书长、理事组成。

在志愿服务方面，该组织的服务范围也从小村庄走向大社会。农民的志愿服务实践开始打破村庄的界限，逐步形成一种无边界的志愿服务活动。其中，扶余市公园的义务劳动成为志愿服务走出村庄的标志性事件。由于扶余市属于县级市，市区公园绿化的公共拨款有限。作为市区内公共场所的扶余市公园内尚有部分花圃区等待补植花卉。该协会得知后，事先组织农民在每家后院建大棚义务培育3 000株花苗，并动员近500多名农民（包括孩子），于2015年5月30日自发到扶余市公园义务栽种花卉。我们团队全程参与了该活动，目睹各村农民自发驾驶农用车和水车凌晨出发赶往市区公园。其间，秩序井然，中午公园管理处提供盒饭，饭后大家又自备塑料袋收拾垃圾。该活动标志着农民志愿服务的性质从美化村庄的"小公益"，扩展到服务全社会的"大公益"。从2015年至今，该组织服务市区城镇的形式，从义务集体劳动拓展到志愿者培训等专业性领域，成为远近闻名的大型农民志愿服务组织。总体来看，该组织具有以下几个特点。

其一，具有自发形成、自我管理、自我服务、自我发展的乡土性。该组织的会员基本上都是农民，年龄主要集中在40~60岁之间，主要从事花生、玉米、水稻等农作物种植。农民志愿者常年坚持自发捐款购买树苗、花苗、太阳能路灯来美化村庄环境，照顾孤寡老人，义务出工农忙互助，逐渐培养农民的家园意识和主人翁意识。

其二，积极发挥乡贤志愿者作用，调解基层矛盾。志愿者发现并主动调解村民打架斗殴。家里发生婆媳不和、夫妇吵架、子女不孝，邻里、干群矛盾等，基本做到矛盾不出村。例如，2016年，孔某因要为被杀的父亲报仇，扬言要杀服刑者家人。有人把这件事告诉了志愿者协会发起人之一的刘佩文。刘佩文主动找孔某做思想工作,平息了这起即将发生的刑事案件。现在,孔某也加入了志愿者队伍,带头维护村里的环境卫生。在农民志愿者的示范、教化、引导下,扶余农村许多不孝敬老人、有不良嗜好的人迅速转变;许多夫妻不和、长幼无序的家庭变得美满和谐;许多年轻女性结婚主动不要彩礼;许多民事纠纷以及干群矛盾得到及时解决。志愿者多的村庄,村风非常文明。

其三,自我教育,净化乡风,努力营造文明风尚。农民志愿者通过开设道德课、集体背诵学习古代经典典籍等多种形式进行道德教育,提高农民的道德素质,营造良好的社会风尚。①开展道德宣讲。农民志愿者利用村里有人结婚或老人过生日等人多的机会,主动开展道德宣讲,用农民日常生活的事例来解读《弟子规》《论语》《孝经》中的道理,引导农民从自己做起,从家庭做起,遵守伦常,端正家风,树立正气。②主动"现身说法"。一些农民志愿者结合自己原来好吃懒做的经历,以"现身说法"的方式,警示教育人们摒弃赌博、酗酒等不良习性,以及不尊重长辈、不孝养老人等违背人伦行为,做有道德的人。③自发创作和表演文艺节目。农民志愿者自编自演以"孝老爱亲、建设美丽家园、热爱祖国、热爱党"为主题的歌舞、快板、三句半、表演唱、诗朗诵等文艺节目,利用节假日在村里表演,寓教于乐,引导人们爱党、爱国、爱村、爱家,促进社会和谐稳定。在农民志愿者的示范、教化、引导下,扶余农村许多不孝敬老人、有不良嗜好的人迅速转变。

其四,激活农村空余空间,打造成新时代文明实践基地。2011 年,张利带领农民志愿者出资购买和改造废弃的村小学,义务出工 3 400 多人次,义务出车 300 多辆次,将其打造成占地 400 平方米可供农民读书的农家书屋,以及举办座谈会和大型文娱活动的文化大院,后来成为新时代文明实践基地。此外,志愿者还将空闲的蔬菜大棚改造为传统国学宣讲的场所。2021 年,该协会还将占地 5 000 平方米,办公室面积达 260 平方米的某村废弃的村委会办公楼,改造成民宿,也作为志愿者培训基地,开展志愿者培训活动。东西两个库房分别被改造成志愿者学习阅览室和厨房餐厅,庭院内安装凉亭,用小栅栏隔成花坛,栽种鲜花,成为"新时代文明实践基地",用来弘扬志愿服务文化。

其五,依托农民志愿者,全面推进县域志愿服务建设。2017 年以来,扶余市委、市政府依托现有的农民志愿者协会,积极培育包括城镇在内的县域志愿服务组织。对于目前有志愿服务队伍但未注册的给予支持，开辟绿色通道，做好队伍孵化与注册工作。各村（社区）积极吸收已有志愿者群体进入本村（社区）队伍，充实志愿服务力量，动员各界参与。扶余市志愿服务总队下设的理论政策宣讲志愿队（宣传部负责）、文化文艺志愿服务队（文旅局、文联负责）、助学支教志愿服务队（教育局负责）、医疗健身志愿服务队（卫健局负责）、科学普及志愿服务队（教育局、科协负责）、法律援助志愿服务队（司法局负责）、卫生环保志愿服务队（卫健局、生态环境局、乡村振兴局负责）、扶贫帮困志愿服务队（乡村振兴局、民政局负责）共8支常备志愿服务队伍积极开展活动，发挥模范带头作用。鼓励各地各部门根据自身职能和群众要求，组建独具特色的志愿者服务队伍，形成"8＋N"式志愿服务队伍体系。

扶余市精神文明志愿者协会经过12年的发展壮大，产生了积极的基层治理效果，主要体现在以下几个方面。

首先，志愿行动提升农民的道德素养和公共精神。一般而言，农民以自己、家庭为核心由内而外推出"小私""大私""大公"。"小私"是指个体或者家庭的利益在行动中将得到优先满足。"大私"是指家庭之外的超越个体和家庭的农民认同的行动单位，通常指村庄或者宗族。相对于"小私"而言，其也可以称为"小公"。而"大公"则指的是整体的国家社会①。伴随着农民个体身份认同的转变，其行动的价值理念也在不断重构。最初的个人善行的行为逻辑是朴素的因果善报想法。但实质上也夹杂着"为己"的私心。正如村民赵某所说，"那个时候就想，不都说善有善报恶有恶报嘛，做好事肯定有好报了"②。当村民融入大家做公益的志愿服务氛围的集体场域时，"家园意识"日益觉醒，由为己的"小私"拓展为"为村"的"大私"。正如村民王某所说，"我们自己捐钱修路、种花栽树，进行村庄建设是需要拿不少钱，可这也是建设自己的村庄，这个钱花得值得"③。进而在规模化的志愿行动阶段，"志愿精神"的引入促使村民逐渐产生出公益观念。扶余市公园的义务劳动标志着由"为村庄"的"大私"转变为"为社会"的"大公"。

其次，志愿行为重构乡村公共空间。公共空间的概念最早由阿伦特提出。

---

① 赵晓峰：《公私定律：村庄视域中的国家政权建设》，博士学位论文，华中科技大学，2011年。
② 2015年11月5日访谈资料。
③ 2015年10月8日访谈资料。

哈贝马斯在其研究基础上认为,公共领域是介于私人领域与公共权力之间的社会领域①。根据哈贝马斯的定义,我们可以将"乡村公共空间"理解为介于村民个人家庭等私有领域与国家公共权力之间的一个中间共有领域。此类民间共有领域是指人们可以自由进入,并在其中进行各种思想交流的场所,也包括在这些场所中产生的一些制度化的组织和活动形式。改革开放以前的人民公社集体化时代,公共空间漫布于村庄的毛细血管之中,通过公社集体劳动的形式将村民的日常生活紧密相连②。因此,村民可以在村口的食堂、劳动的田地、自家的炕头上讨论公共事务和公共话题。公社时代的消失也使得这种行政嵌入式的公共空间不复存在。而扶余市农民的志愿行为则实现了当地社会公共空间的重构。公共场所是农民共同活动的场地,具有地理和社会的双重意义。若我们从其存续时间的角度进行划分,可分为临时性公共场所和永久性公共场所。具体到扶余,乡村的公共场所一直存在,只不过在不同的时期具有不同的表现形式。在志愿服务实践发展的早期,主要是临时性的乡村公共场所。农民志愿者将各自的"家"(屋内大炕和外院)作为集体学习传统美德、经典的场地。由于活动地点经常更换,这些场地被视为临时性的公共场所。这一状况在2009年得到解决。张利在王家村集资修建文化大院,村民可以在里面开展各种文娱活动和交流学习。永久性的公共场所至此出现。同时,政府财政支持在设立志愿者分会的村庄修建农民活动室,公共场所不断增多。永久性公共场所的建立,使得村民间的横向联结日益密切。村民可以在共同的活动场地自由交流自己的意见和想法,开展文娱活动。社区的认同度和社区建设的参与感不断增强。公共空间不断培育出农民的集体认同观念,改变和影响着普通村民的日常生活和精神生活。

再次,志愿行为形成新型农村治理结构。在20世纪80年代,中国农村逐渐建立起基层民主自治制度。村委会由村民民主选举赋予其合法性,代表村民行使自治权利。村党支部的权力来源于国家,农村建立起国家公权力与自治权利良好互动的权力体系,基本消除了传统中国乡土社会中以长老、宗族为代表的"教化权力"的影响。但是在实际操作层面,为了应对庞杂琐碎的行政性事

---

① 傅永军、江迎东:《哈贝马斯"公共领域"思想三论》,《山东社会科学》,2007年第1期。
② 余旭娇、李宽:《转型期农村公共空间的治理性重塑与秩序化重构》,《上海城市管理》,2016年第1期。

务,村委会组织反而很大程度上被自上而下的行政层级治理体系所吸纳,扮演了国家行政体系"末梢"的角色①。农民志愿活动则带动"乡贤公共精英"走上乡村治理的舞台。具体到协会创始人张利所在的王家村,受传统的家族观念的影响,农民眼中的精英必须满足"德高望重"的条件。因此只有一定年纪的人,并且有较高的文化素质和道德素质的情况下,才有可能被农民认可。张利恰好具备这些条件。因此王家村民非常乐意找其帮忙处理家庭矛盾、孩子辍学、家人赌博等生活难题。张利凭借自己的文化素养,宣传传统美德,解决了很多实际问题。在这种新型乡村公共精英主体的参与之下,王家村村治结构发生了变化。村委会主任也开始认识到农民志愿者的重要性,积极支持志愿服务。随后,志愿者协会在67个村庄建立分会。每个分会都成为村庄治理的重要主体,协助村委会开展美化村庄,调节邻里纠纷,扶助老幼的公益行为,成为建构乡村社会治理共同体不可或缺的治理主体。志愿者协会逐渐成为基层政权和农民互动沟通之间的中介组织,构成"村党支部—村委会—乡贤—农民志愿组织—农民"的协作共治结构,助力新时期社会治理共同体的建构,促进乡村的和谐发展。

　　以上是我们以研究者的身份,对于收集到的访谈资料,以及各类总结和报道,进行知识加工得出的一些基本判断。但农民自发做公益的故事,在以上结构性和学理性的叙事中,似乎缺少一点人物的鲜活性和叙事的过程性。农民开展的美化村庄、邻里互助、调解矛盾等志愿活动,实际上原本是充满人情味和温度的道德实践。但在结构性的理性分析下,农民自发做公益那种"破土而出"的主体力量似乎没有迸发出来。在研究农民志愿者期间,我阅读了一本中山大学社会与人类学院张和清教授主编的《文化与发展的践行——平寨故事》。该书强调一种研究者组织少数民族当地村民书写村史的文化发展行动,以反思发展主义给少数民族地区农民制造的贫穷落后、无知愚昧的刻板印象。于是从2004年到2006年,张和清教授团队入驻云南省文山州丘北县平寨村,组织和收集当地村民自发叙述关于村寨、祖宗、生活、祭祀、葬礼、节日、手工、小调等故事,逐渐提升农民参与能力和文化自信心。这一文化发展行为使得该书成为乡

① 吕方:《再造乡土团结:农村社会组织发展与新公共性》,《南开学报(哲学社会科学版)》,2013年第3期。

土教材,继续推动乡村文化建设和少数民族非物质文化遗产保护,同时也为当代农村社会工作的发展提供了借鉴[①]。

我从2015年开始接触到扶余农民自发捐款开展志愿行动的活动,也大受震撼。我甚至当时也怀疑他们是否也是当地的一些形式主义的行为,不会坚持太久。但我从2017年加入农民志愿者的工作微信群以后至今,他们几乎每天发送志愿扫街、美化村庄、清扫积雪、农忙互助的照片,并互相鼓励和祝福。正如荣誉会长董桂芬的一句玩笑话,"就算是我们天天造假,这么多年来假的也都变成真的了"。对于这些天天发生在身边充满主体性的照片和话语,我萌生出仿效张和清教授组织当地农民进行自我叙事的想法。在学术界存在小农自私没有公心的话语背景,尤其是近年来东北地区衰败,农村人口流失严重等对于农民的学术和现实双重标签化的大背景下,当我们发现东北农民自发做公益的案例时,油然生出一种在荒漠中发现绿洲的欣喜。实际上,中国农民自古以来一直都是有公心,具有文化主体性。就连扶余当地还盛传民国时期有一位刘善人做好事扶济百姓的故事。这就与农民自私,东北衰败的发展主义话语形成鲜明对比。这时,我才意识到我们面对的是一个富矿,农民志愿者的公益举动,以及他们对公益自身的理解和阐释,都是活生生的地方性知识。我自然就有了挖掘这些地方性知识的研究冲动。我们团队从2020年开始与该协会达成共识进行合作,收集了农民志愿者关于志愿服务的自创诗歌、歌曲、三句半、秧歌调。这些文化作品能够体现出志愿者坚持做志愿服务带来认知上的深刻转变,以及彰显出来的志愿仁爱精神和家国情怀。此外,普通农民志愿者自述从事志愿服务的经历,以及志愿服务后的成长过程,还有自编的传统美德培训手册等,都成为我们系统整理的内容。这些内容体现出普通农民从事志愿服务的朴素动机,以及模仿和学习带头人志愿行为的信息加工过程。2021年,我们和志愿者协会正式启动本书的编撰工作。荣誉会长董桂芬、会长刘明志等人非常支持,积极组织人力投入整理和编辑自述材料的工作当中,并最终将书名敲定为《乡土公益叙事:农民志愿者的实践》。该书旨在体现农民乡土公益实践中"原汁原味"的乡土性和主体性,成为描绘新时期农民新面貌,书写中国故事的重要文本载体。

本书分为五部分。第一部分是乡土公益的草根叙事,内容包括概述扶余市

---

① 张和清、张杨、古学斌、杨锡聪:《文化与发展的践行——平寨故事》,北京:民族出版社,2007年版。

精神文明志愿者协会开展农民志愿服务的概况；展示农民的一些自述材料。这些材料体现的是志愿服务在人生观、价值观、家庭关系、伦理道德等方面给农民带来的改变；收集了关于刘佩文、张利、董桂芬等人创立和发展志愿者协会的一些具体故事；从基层干部的角度来表现当地农民志愿者发挥的积极作用。第二部分收录的是农民志愿者内部开设道德课的培训手册内容。该手册是志愿者协会荣誉会长董桂芬根据自己退休前主持基层妇女工作和宣传工作的经历，以及十多年的志愿组织管理经验，并结合农民日常生活中的各类实际案例进行撰写的。里面的内容可谓是关于乡土公益的"地方性知识"。内容包括从农民角度理解的关于志愿服务、志愿者、孝、悌、忠、信、礼、廉、耻等概念的定义，以及农民从事志愿服务的目的和有益之处。令人印象深刻的是，关于农民志愿服务的好处，她着重围绕有利于身体健康、个人素质提升、家庭和睦、子女健康成长、子女找对象等日常生活的方方面面进行叙述。这种对于志愿服务的理解非常"接地气"，从农民的个人发展、家庭和睦，以及子女健康的角度，去理解现代志愿服务的内涵，也体现出农民逐渐意识到志愿服务日益成为满足农民美好生活需要的重要手段。这种充满生活和乡土气息的阐释给人一种"耳目一新"的感觉，研究者应该阐释农民之所想，解决农民之所需。第三部分主要展示的是农民志愿者自创的文艺作品。志愿者围绕志愿服务给自身带来的变化，以及建设和美乡村和文化振兴等主题，创作了形式多样的文艺作品。我们挑选了一些代表作品摘录书中，以体现农民志愿者内化志愿精神的文化主体性。第四部分主要摘录了一些报刊媒体和国家部委网站关于农民志愿者的报道。第五部分摘录的是我们研究团队近年来以扶余市精神文明志愿者协会为个案撰写的学术论文和报告。同时，我们也邀请部分国内知名中青年学者对此个案进行简短评述，旨在让读者通过学者的解读，深入体会农民志愿服务对于助力乡村文化振兴，以及中国式现代化建设的深远意义。本书最后收录两个附件。附件一是《中共扶余县委关于成立扶余县精神文明志愿者协会的批复》，附件二是《扶余市精神文明志愿者协会章程》。此外，读者可以通过扫描封底的二维码观看志愿者协会的宣传视频，以便更直观地感受农民志愿者的风采。

芦　恒

2023 年 6 月 16 日于吉林大学匡亚明楼

目录

第四部分　乡土公益的媒体聚焦

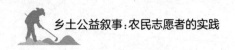

第一部分　乡土公益的草根叙事

　　吉林省扶余市位于吉林省北部,与黑龙江省接壤,2013年撤县为市。这里活跃着3 600名精神文明志愿者,他们自发成立了"扶余市精神文明志愿者协会",全部成员是农民。他们立足本村庄,以"村容整洁、邻里守望、乡风文明"为重点,脚踏实地,扎扎实实地开展志愿服务工作,取得了显著成果,受到了社会各界的好评。他们的做法,为促进农村文明、美丽、和谐、稳定,推进乡村振兴战略的实施,指出了一条有效途径,提供了一些有益启示。扶余市农民志愿者的志愿服务工作现已趋于规范化、制度化、常态化,并发挥了明显的带动辐射作用。

　　第一部分主要从普通农民的角度,通过讲故事的草根叙事形式,大体勾勒出扶余市农民志愿服务公益组织的起步和发展过程,以及其在改善村庄环境、弘扬传统美德、守望关爱邻里等方面发挥的积极作用。具体而言,其一,展示农民的一些自述材料。这些材料聚焦于志愿服务在精神面貌、价值观、人生观、家庭关系、伦理道德等方面给农民带来的改变;其二,收录记者、朋友和协会带头人对于志愿者协会创始人刘佩文、张利的回忆、评价,展现扶余农民自发开展志愿服务的初衷和发展壮大的过程;其三,从县域和乡镇干部的角度诉说农民志愿服务的本体性特色。

农民口述志愿服务带来的生活和思想变化　》》》

农民自我服务、自我教育、自我管理

讲述者：董桂芬[①]

　　我出生在扶余乡下的一个小村庄，后来随父母到乡镇上学。1968年，因为我家吃供应粮，没有口粮田，按照当时的有关政策，我与和我同样情况的同学集体插队，到扶余乡下一个小村庄劳动锻炼。此后，我做过农村小学教师，公社妇联主任，县委宣传部干事、科长、副部长，县广电局局长，最后任县委常委、宣传部部长，在这个岗位上一直工作到退休。

　　我的工龄长达44年，大约三分之一的时间工作在农村，三分之二的时间做宣传工作。我的工作经历，使我对农村比较熟悉，对农民比较了解，对宣传工作比较热爱。我发现，农村实行家庭联产承包责任制后，农民分散经营，很多人对公益事业不太关心。许多工作都是干部喊，群众看。我也清楚地看到，农村的许多工作，没有农民参与，是落不实的。例如村屯环境卫生这一块工作，没有农民参与维护，很难保持，更不要说美丽乡村建设了！如何解决这一难题，是基层干部都在思考的问题。

　　2007年，我在下乡调研农村精神文明建设时，发现肖家乡王家村和弓棚子镇双胜村有一些农民义务清扫街路，清理垃圾，无偿在村里修路、安灯、植树、栽花。这两个村环境非常整洁。深入调研，我了解到这些人是在听了张利、刘佩文两位乡贤的传统美德宣讲后，才主动参与这些公益活动的。了解到这一情况，我非常激动，心想，这不就是中央提出的自我教育、自我管理、自我服务的典型吗？农民群众如果都能像这些人这样无私奉献，自动自觉地维护管理自己的村屯，农村的许多工作不就好开展了吗？于是我带领宣传部的干部总结王家和双胜两个村的经验，在全县推广。

[①] 董桂芬，扶余市精神文明志愿者协会荣誉会长，原扶余县委常委、宣传部部长。

为了团结一切可以团结的力量，调动一切可以调动的积极因素，充分发挥群众自治作用，促进农村精神文明建设，我们县委宣传部向县委递交了"成立扶余市精神文明志愿者协会"的报告，县委很快批示同意，并于2011年5月20日，隆重召开了有各乡（镇）、县直有关部门主要领导和村党支部书记及部分农民代表近千人参加的扶余县精神文明志愿者协会成立大会。

我认为，精神文明志愿者协会的成立与运行，是扶余市精神文明建设史上的一件大事，具有重要的意义和作用，概括起来主要有以下三点：

第一，充分凝聚正风、正气、正能量。我们扶余历史悠久，具有浓厚的人文底蕴。很多人向上、向善，崇尚文明。他们活跃在城乡各地，自动自发地捐款捐物，自觉自愿地义务献工，在自己的居住地栽花、植树、铺路、安灯，清理环境卫生，建设文化书屋和文化大院，学习传统文化，弘扬道德新风。在改变城乡环境和提高人的精神境界方面，农民志愿者焕发出极大的热情，做出了无私的奉献，有力促进了县域的精神文明建设。但是，由于扶余当时没有群众性的精神文明建设组织机构，一些群众崇尚文明、热爱家乡、建设扶余的良好愿望和实际行动，始终处在"散打"阶段，形不成合力，造不成声势。毛泽东曾经说过："只有领导骨干的积极性，而无广大群众的积极性相结合，便将成为少数人的空忙。但如果只有广大群众的积极性，而无有力的领导骨干去恰当地组织群众的积极性，则群众的积极性既不可能持久，也不可能走向正确的方向和提到高级的程度。"[①]精神文明志愿者协会的成立，可以把各级领导和各界群众建设社会主义精神文明的积极性有机结合起来，使普通群众精神文明建设的热情和干劲得到爱护和保护，把精神文明建设骨干组织起来，把正风、正气、正能量充分凝聚在一起，使其形成合力，形成声势，具有一定的影响力，从而带动引领更多的人投入精神文明建设。

第二，促进扶余文明、和谐、美丽。改革开放以来，扶余市经济、社会等各个领域都发生了巨大变化，"两个文明"建设步伐明显加快。当时的县委、县政府采取"五城联创""城乡环境综合治理"的战略措施后，城乡净化、亮化、绿化、硬化的水平大大提高。2009年1月，城区顺利跨入"全国文明县城"的行列，使文明扶余建设取得了阶段性成果。但是，由于受经济条件制约，当时扶余的社会事业建设比较缓慢，农村的居住环境和基础设施建设相对滞后，远远满足不了

① 毛泽东：《毛泽东选集（第三卷）》，北京：人民出版社，2009年版，第898页。

农民的需求。加之,社会经济成分、组织形式、经济利益、就业方式的多样化,导致人的思想观念、道德意识、价值取向、文化认同趋于多元化,为文明和谐扶余建设设置了障碍。这些问题,单纯依赖国家,依赖党组织,依靠领导机关和领导干部,很难从根本上得到解决。我们成立精神文明志愿者协会,动员社会各界、各阶层的干部群众,尤其是农民共同参与精神文明建设活动,引导人们在活动中自我教育、自我完善,提高思想道德和科学文化素质,用科学、文明、进步的思想观念指导工作和生活;引导干部群众热爱扶余,关爱家园,群策群力,共同营造整洁、优美、舒适的工作、生产、生活环境;引导人们关心他人,奉献爱心,做到干群携手,上下呼应,把问题解决在萌芽中,把矛盾化解在最基层,把不和谐、不道德的因素消除在初始阶段,能够促进物质文明和精神文明协调发展,促进城乡文明共同提升,加快"文明和谐美丽扶余"建设步伐。

第三,探索基层社会治理的方法与经验。党的十八大以来,党中央深入研究基层社会面临的新形势、新任务、新特点,明确提出"社会治理"的重大命题,着力推进社会管理"理念创新、实践创新、制度创新"。我们成立精神文明志愿者协会,是贯彻落实党中央关于"创新社会治理"重大命题的大胆尝试和有益探索。这一举措,为群众自治提供了平台,为加强群众工作创造了条件,为创新社会治理拓宽了渠道。协会带动引导农民积极参与精神文明创建活动,使农民在参与中实现自我教育、自我管理、自我服务、自我监督,继而实现自我提升。协会充分发挥组织协调和凝聚力量的作用,更加广泛地调动农民群众参与本地、本社区、本村屯长效管理的积极性,有效承接政府转移的部分职能和事务,将公共服务真正落实到基层;进一步完善社会组织体制,扩大社会主义民主,整合社会资源,促进基层群众自治,提高乡村社会治理水平。

为了把精神文明志愿者协会的工作做好,使其具有独特性、引领性,真正发挥作用,达到预期目的,协会从成立之日起,就制定发布了《扶余市精神文明志愿者协会章程》(简称《章程》)。《章程》明确规定:以"弘扬中华文化、传承传统美德、助推精神文明、共建和谐家园"为宗旨,以培树"社会公德、职业道德、家庭美德、个人品德"为重点,以"团结、互助、奉献、共建"为精神,以"改善居住环境、守望关爱邻里、传承传统美德"为任务,加强农村精神文明建设,促进扶余文明、美丽、和谐。

为了带动和引导志愿者把协会《章程》规定的宗旨、任务落到实处,协会着

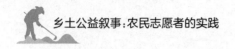

重采取了以下几项工作措施：

一是依靠"乡贤带动"，用传统美德激发人的正知、正见、正能量。

肖家乡王家村村民张利和双胜村村民刘佩文是扶余农民志愿服务队伍的发起人。他们两人三十年如一日，走村串户，义务开展道德宣讲，引导人们爱党、爱国、爱村、爱家，带头改善居住环境，备受人们尊重和爱戴。协会充分发挥这两位"乡贤"的作用，组织道德宣讲团，让他们作为主要宣讲员，深入村屯开展以"孝悌忠信礼义廉耻"和"建设文明美丽家园"为主要内容的道德宣讲。宣讲激发了人们内心深处的正知、正见、正能量，引发了人们爱党、爱国、爱村、爱家的情怀。二位"乡贤"每年都深入村屯义务宣讲近百场。让有道德的人讲道德，人们信服，且他们讲的内容"贴近实际、贴近生活、贴近群众"，人们愿意听。有时一场的听众都超千人。没有大会议室，人们就用木杆和塑料布搭建简易会场。一场场深入人心的道德宣讲，唤醒了人们与生俱来的、根植在内心深处的、流淌在血液中的传统道德意识。宣讲使人们认识到，讲道德不但关乎社会的和谐、进步与发展，而且关乎自己、家庭和子女的未来。同时也让大家明白了自己的村屯应该自己建，建设文明、整洁、美丽的村屯是为自己谋幸福。因而自愿加入志愿队伍的人越来越多，从开始的不足1000人迅速增加到2000多人。在张利和刘佩文的引领下，很快涌现出近百名乡贤，他们在各自的村屯带领志愿者和村民植树、栽花、安灯、修路，积极改善村屯环境。他们利用悬挂宣传牌、组织道德宣讲会等形式，弘扬传统美德，树立文明村风。在这些人的引领下，志愿者按照协会《章程》，到什么时候做什么事，将村容村风建设得越来越好。

二是运用典型引领，规范志愿服务制度化、常态化。树立典型，用典型引领团队前进，这是中国共产党传统而有效的工作方法。我们也运用了这一方法。首先推广肖家乡王家、弓棚子镇双胜两个一类先进村典型。我们召开现场会，组织其他村的志愿者到这两个村参观学习。协会还把王家和双胜的事迹加以总结，制成视频专题片，组织各村屯的志愿者观看。这两个村的变化使广大志愿者深受启发，他们纷纷效仿王家和双胜，有计划、有重点地改善村屯环境，很快涌现出更新乡九间房、伯小铺屯等一批环境建设成效显著的"梯子典型"①。接着，我们又推广这些"梯子典型"，很快出现了腰屯、京城、西三家子、于家、季

---

① 梯子典型就是继一类典型之后出现的二类、三类典型。

家、名家店、下沟、南岭等一大批先进典型。为了进一步促进村屯环境建设,从2013年开始,每年的8月中旬,协会都召开"村屯环境建设现场会",20多辆大客车拉着1000多名志愿者参观这些环境建设搞得好的村屯。现场会有力地调动了志愿者建设文明美丽乡村的积极性,进一步掀起了环境建设新高潮。仅2014年9月末到2015年8月末的一年时间里,就有29个村屯的志愿者捐款近200万元,安装铁杆地埋线路灯1536盏。有的村志愿者捐款16万多元,安装路灯126盏。

三是搞好宣传发动,扩大志愿服务的影响力、辐射力。我国是农业大国,乡村振兴光靠干部和志愿者不行,必须动员广大农民参与。为了带动影响更多的人参与乡村振兴,协会加大对志愿服务工作的宣传力度,努力扩大志愿服务的影响力和辐射力。协会购买了摄像机、编辑机和刻录机,将广大志愿者的志愿服务事迹总结制作成《足迹》《美丽乡村幸福路》《众手浇开幸福花》等视频专题片,送到市电视台播放。我们还先后创办了"扶余市精神文明志愿者网""扶余市精神文明志愿者协会公众号",组建了"扶余市精神文明志愿者工作信息微信沟通群",及时沟通、交流、报道各地的志愿服务行动和成果,传递志愿服务工作的动态和信息。同时,我们还组织一部分志愿者通过志愿者网的《道德论坛》栏目,以及结婚庆典等人多的场合,讲述自己的经历或转变过程,教育引导人们摒弃不良嗜好和不道德行为,加入志愿服务队伍,把时间和精力用到乡土公益中来。这些宣传措施大大提高了志愿者的知名度和影响力,使人们对志愿者有了深入的了解,从而产生敬慕和爱戴之情,也使志愿者增强了荣誉感和自豪感,更加珍惜和热爱志愿服务工作。强有力的宣传,使志愿者的事迹迅速传播,辐射作用不断扩大。从2015年开始,前来调研和参观的人络绎不绝。有扶余域内的干部群众,也有域外的党群团体,这对志愿者是巨大的鼓舞,他们志愿服务的积极性空前高涨。

除了我们协会采取的上述措施外,市委、市政府的重视,社会各界的鼓励,是我们这支农民志愿服务队伍持续发展的重要动力。市委、市政府对我们的志愿服务工作高度重视和支持,为我们协会安排办公室,配备办公用品,解决实际困难。从2014年开始,每年都由副县长或副书记乃至市委书记、市长主持召开农村环境建设现场会,组织乡镇党政主要领导和部分村党支部书记、村长和村民代表,到志愿服务搞得好的村屯参观。2019年,市委把"美丽乡村示范区"覆盖到志愿者多的村,将建设资金向志愿者多的村屯倾斜。2022年,市委书记主持召开志愿服务工作推进会。市委宣传部、市妇联、市电视台、吉林日报社、吉林电视台、吉林乡村广播等各级党政组织和宣传机构对我们这支队伍都给予大力支持。现在,协会已有500多名志愿者被评为省、市、县好人、道德模范、优秀志愿者和"三八"红旗手。张利被推荐为吉林省道德模范、优秀志愿者标兵、全国优秀基层理论宣讲员。扶余电视台先后开办《志愿者在行动》《共建美丽乡村》《扶余好人》等栏目,跟踪报道志愿者的志愿服务活动及成果。松原日报、松原电视台多次采写我们弘扬传承中华美德、建设美丽家园的事迹;报道志愿者中的先进事迹。《吉林日报》为我们做了两次系列报道,从不同侧面报道了我们的志愿服务事迹。媒体的大力宣传,不仅使我们备受鼓舞,也大大提高了我们在社会上的知名度和影响力。市委、市政府和社会各界对农民志愿服务工作的重视和支持,对农民志愿者的亲近与尊重,使广大农民志愿者受到极大的鼓舞和激励,大家参与志愿服务的信心更足,干劲更大。

我们协会从2011年5月成立到现在,已走过了12个年头。12年来,我们这支队伍从小到大,由弱到强;我们的志愿服务工作从零打碎敲到规范化、制度化、常态化,在社会上引起了轰动效应,为促进扶余文明、美丽、和谐,起到了示范带动作用。

回顾12年的工作,成果比较显著,主要体现在以下几个方面:

一是环境建设越来越好。协会成立后,志愿者有了归属感和凝聚力,大家信心百倍,斗志昂扬,把改善村屯环境当作义不容辞的责任和义务,把建设美丽村屯作为奋斗目标,精心策划,认真实施。志愿者在坚持天天起早清扫街路、清理垃圾的同时,努力学习花苗培育技术,不断更新花色品种,扩大美化面积。各分会不但美化村内,而且美化村外,把村子附近的乡路都栽上了鲜花。同时在村路两侧立花架、吊盆花,把垃圾堆改建成花坛或花海,村屯美化趋向面积大、标准高、景观化。各分会还自筹资金,将水泥杆路灯更新成铁杆地埋线路灯,又把铁杆地埋线路灯更新成环保节能的太阳能路灯,先后安装和更新路灯5 156盏,仅这一项,就捐款416万多元。志愿者还把原来的木质简易迎宾门更新成铁艺新式迎宾门。从2013年开始,一些分会又向投入比较大的硬化村路的公益事业进军。蔡家沟镇里半号、二十三号,肖家乡下沟、六家子屯等分会多方筹款,义务出工出车,先后把村里的主副路和村外乡路铺上红砖。弓棚子镇杨家、南岭、四号,更新乡新红、王平等村屯的志愿者还义务出工,硬化或维修村路。在寒冷的冬季,志愿者也想方设法美化村屯。2015 年前,每年春节,志愿者都捐款买纱灯、制彩旗,悬挂在大街小巷上空。2016 年,志愿者开始捐款焊制过街彩门,购买硬塑大红灯笼,制作大红灯笼串,悬挂在过街彩门上,使自己居住的村庄变成一年四季红灯高悬,彩旗飘舞,一片喜气祥和的景象。

据不完全统计,从 2011 年 6 月到 2022 年末,志愿者捐款栽松树 23 872 棵,安装和更新路灯 5 156 盏,制作安装铁艺迎宾门 92 座,用红砖硬化村路 132 900 延长米。培育栽植鲜花的数量一年比一年多。2023 年,总共培育栽植鲜花约 1 000 万株。在志愿者的精心营造下,他们所在的村屯环境越来越美。其中有 40 多个村屯路灯成行,红灯高悬,村头矗立着漂亮的迎宾门。夏季,这些村屯松柏青翠,鲜花盛开,呈现出"扶余特色"的"和美乡村"雏形。

二是邻里守望事迹越来越多。志愿者不怕脏,不怕累,积极照顾身边的老弱病残者。下沟村的志愿者轮班照顾本村 80 多岁的五保户张方勋和王志两位老人。老人生活不能自理,志愿者就轮班去他们家做饭、洗衣、收拾屋子。王志老人临终前卧床半年,志愿者李英海和赵政武等人轮流陪伴,喂水喂饭,一直到老人去世。许多村屯的志愿者经常走访本村屯的孤寡老人或理智不健全的人,定期为他们理发、缝补、浆洗,收拾室内外卫生。陶赖昭镇西三家子村志愿者连续多年为村里的五保户马文学和王芬两位老人拆洗被褥,打扫卫生。他们还帮助三户村民翻盖或维修房屋。京城村的志愿者定期到本村厚荣春和宋林两户生活自理有困难的村民家中,帮助料理家务。弓棚子镇镇山村的志愿者每个月都到镇社会福利院给老人们理发。2016 年以来,我们的 67 个分会,多数都有重点帮扶对象,照顾老弱病残的事例不胜枚举。每年新年春节期间,志愿者都捐款捐物,包饺子、蒸豆包、炸麻花、蒸糖包、买水果、买衣物、做布鞋等,慰问住在乡镇社会福利院的乡亲。慰问品一年比一年丰富,慰问金一年比一年多,被慰问的乡镇社会福利院也在逐年增加。2011 年,志愿者慰问 5 家福利院,到 2019 年末,增加到 14 家,占乡镇社会福利院总数的 80%。与此同时,志愿者不断扩大慰问本村屯贫困户的数量。2016 年总计慰问贫困户 89 户。2021 年末,总计慰问贫困户 186 户,慰问品平均每户价值 400 元。

对于突然发生困难的村邻,志愿者也及时伸出援助之手。弓棚子镇京城、杨家、南岭、四号,蔡家沟镇里半号,肖家乡下沟、六家子,更新乡名家店等村屯的志愿者,对本村屯突然因病或因遭受火灾等事故生活拮据的村邻,及时进行救助。志愿者不仅为他们捐款,而且帮他们种地、铲地、收割庄稼、到医院陪护,还修缮房屋乃至建新房,及时为他们解决燃眉之急。弓棚子镇京城村志愿者牟连成居住了30多年的土房面临倒塌的危险,京城村和附近村屯的志愿者就捐款帮他翻新房屋。2011年至今,志愿者义务帮助4户村邻建起新房。2017年9月5日,更新乡新红村九间房屯突然遭受龙卷风袭击,44户村民财产受到不同程度的损害。附近村屯400多名精神文明志愿者纷纷前去救灾。仅用一天时间,志愿者就把刮倒的树木、房屋、院墙,掀起的房盖,折断的电杆电线等清理好,然后又帮助受灾户重建房屋。仅三天时间,就使小村恢复原有的安宁与温馨。现在,各分会都把邻里守望当成志愿服务的重要任务,认真排查,细心安排,使老弱病残和生活困难的乡邻感受到社会主义大家庭的温暖与和谐。疫情期间,志愿者挺身而出,无偿轮流值班、消毒,组织村民检测和防疫,起早贪黑,在所不辞,在群众中引起热烈反响。

三是净化乡风的力度越来越大。志愿者采取多种措施进行道德教育,提高农民的道德素质,营造良好的社会风尚。全国优秀基层宣讲员张利、"乡贤"刘佩文两位老师常年进行义务道德宣讲。为了使人们耳濡目染接受道德教育,志愿者不断捐款制作或更新道德宣传牌,写上贴近实际、贴近生活、贴近群众的道德警句,引导人们从自己做起,从家庭做起,遵守伦常,恪守道德,敦伦尽分,端正家风,树立正气,自觉践行社会主义核心价值观。自2016年以来,各分会共制作和更新宣传牌3 128块。为了更加有效引导人们讲道德,一些志愿者不怕露丑,主动"现身说法""以身示教"。他们联系自己原来,一害自己、二害家庭、三害社会的教训,警示教育人们摒弃不良习性和不孝老爱亲等违背人伦的行为,做有道德的人。同时自编自演以"热爱祖国、热爱党、热爱家乡、共建美丽家园和孝老爱亲"为主要内容的文艺节目,进行义务演出,寓教于乐,引导人们爱党、爱国、爱村、爱家。志愿者以现身说法进行道德教育的方法,得到扶余市委宣传部、市委政法委和市司法局等部门的高度重视。市委政法委下发文件,让我们组织"营造幸福家园演讲演唱会",到各乡镇巡回演出。并且于2017年9月末,在市政府会议中心组织"讲伦理,守道德,促进社会文明和谐演讲大会",请9名志愿者代表在会上进行道德宣讲,市直机关和乡镇部分干部群众800多人到会参加。2018年1月上旬,市司法局组织普法宣传,又请志愿者代表到会宣讲。2022年夏季,市委宣传部组织志愿者分别到全市各乡镇进行道德宣讲,引领各地干部群众积极参与村屯环境治理。我们的道德教育越来越被各级领导机关重视,效果也越来越好。

四是辐射带动作用越来越强。在志愿者的示范、带动、引导下,扶余市农村许多不孝敬老人、有不良嗜好的人迅速转变;许多夫妻不和、长幼无序的家庭变得和睦和谐;有些年轻女性结婚不要彩礼。志愿者多的村屯,村风非常文明。在大家的共同努力下,我们精神文明志愿者的声望越来越高,辐射带动作用越来越强。扶余市长春岭镇党委先后五次组织本镇的镇、村干部和村民代表到志愿者营造的美丽村屯参观。肖家乡南大洼、更新乡程家围子等村屯的农民自发到王家、双胜、新红等环境优美的村屯参观,回去后主动捐款,义务出工,改善村容村貌。仅两年时间,就彻底改变了村里的脏乱差环境。吉林省长春、榆树、九台、德惠和黑龙江、辽宁、内蒙古等地的干部群众也不断前来参观。榆树市于家镇恒道村党支部先后四次组织村干部和村民前来参观。2017年7月,他们还请我们精神文明志愿者去演讲演唱。现在看来,我们的志愿服务事迹越来越被人们认可,我们这支队伍的社会影响力越来越大。

我们长达12年的志愿服务实践,产生了良好的社会效果,对解决当前阻碍农村发展的几个关键性问题,加强农村社会综合治理,促进农村文明、美丽、和谐、稳定,起到了一定的作用。这些效果概括起来是"四解决""一创新"。

四解决是:

解决了"环境脏乱差"问题。在现阶段,农村净化、绿化、美化、亮化、硬化环境工作是"老大难"问题。这项工作不仅需要大量的人力、物力、财力,还需要人们坚持下去。许多村屯因无人义务参与,又无钱雇人,环境建设一直不能达标,成了村干部最头疼的问题。我们扶余的农民志愿者立足本村屯,主动捐款,义务出工,自觉改善和维护村屯环境,使自己所在的村屯环境建设这个"老大难"问题迎刃而解。

解决了"美丽乡村建设等靠要"问题。在美丽乡村建设中,一些村干部不调动农民的积极性,而是跑政府,找领导,向国家要钱要物。我国是农业大国,村屯特别多,如果都等国家给钱,靠外力支援,美丽乡村很难建成。我们扶余的农民志愿者把志愿服务与美丽乡村建设有机结合起来,不等不靠不要,充分发挥自己的智慧和力量,群策群力,无私奉献,大大加快了美丽乡村建设的步伐。

解决了"思想教育沙滩流水不到头"问题。农村实行联产承包责任制后，农民分散经营，集中活动很少，集中进行思想教育更谈不上，因而出现了"思想教育沙滩流水不到头"的问题。这些问题导致农民道德素质下降，家庭纠纷、民事纠纷增加，有的竟酿成刑事案件。我们的农民志愿者在志愿服务组织中，互相学习、互相交流、互相熏陶；在志愿服务过程中，自我管理、自我服务、自我教育、自我提升，进而带动、影响、说服周围的农民提高道德素质，遵纪守法，"思想教育沙滩流水不到头"的问题自然解决。

解决了农民"不可预测的生活困难"问题。每年，都会有农民因火灾、水灾、病灾引发一些突发性的生活困难。随着进城打工农民的增多，农村留守老人日益增多。有的老人生活不能自理，有的老人突发疾病，需要有人及时照顾。这些问题靠农村党组织或国家救助，很难及时解决。扶余的农民志愿者在自己居住的村屯开展邻里守望，发现问题，及时伸出援助之手，迅速而妥善地解决了这些问题。

"一创新"是指创新社会治理的方式方法。党的十八大提出要创新社会治理，要求调动一切积极因素，发动社会各阶层人士参与社会治理。按照党中央的这一要求，近几年，各地都在积极探索社会治理经验。扶余成立农民志愿服务组织，在农村发展志愿者，拓展农村志愿服务，调动了先进农民的力量，激发了先进农民的智慧。我们发动农民志愿者参与村屯环境治理，及时帮扶救助困难村邻，带头讲道德、树新风，协助农村党组织打通"宣传群众、教育群众、关心群众、服务群众"的最后一公里，创新了农村社会治理的方式方法，探索了一条加强农村社会治理的有效途径。此类模式为当前农村如何加强社会治理，如何发动农民参与村屯治理，提供了切实可行的经验，有力推进了"和美乡村"建设，加快了乡村振兴战略的有力实施。

我们的志愿服务脚踏实地，扎扎实实，成绩显著，在干部群众中引起广泛关注和高度评价。精神文明志愿者协会三次被评为吉林省优秀志愿服务组织，两次被评为吉林省优秀志愿服务组织标兵；2021年，荣获全国学雷锋志愿服务"四个一百"优秀志愿服务组织称号，同时被评为全国消防优秀志愿服务组织。

"臭水坑"变成"香水泉"

讲述者：刘明志[①]

我们香水泉屯是扶余市弓棚子镇的一个自然村,坐落在弓棚子镇东北部,总共 213 户,1 278 口人。现有农民志愿者 150 名。

从 20 世纪 90 年代开始,村民从学习中华传统美德入手,提升思想觉悟;从净化亮化村路开始,改善村容村貌;通过志愿服务的形式,建设文明美丽乡村,使我们的小村由脏乱差变得洁而美,成了扶余市的美丽乡村示范村。

我们香水泉村原来叫臭水坑。为什么叫臭水坑呢? 因为过去村里地势低洼,夏季雨天,四外的雨水都往我们村里淌,村里形成六个大水坑。加之人们把死猪烂狗和生活垃圾都往大坑里倒,这些东西腐烂发酵后发出刺鼻的臭味,村名臭水坑就是这么来的。

20 世纪 80 年代,本村妇女刘佩文看到村里脏乱到这个程度,又看到一些家庭不懂伦理,不讲道德,夫妻打架,婆媳不和,子女不孝,整天吵吵闹闹,非常着急。为了改变这种状况,她就在自己家里开设道德讲堂,向人们传播向善向上的道德理念,同时带领人们义务清扫街道、清理垃圾,义务出车拉土垫道。

孔子说:"德不孤,必有邻。"1998 年,长春一位企业家出差路过我们村,被刘佩文的这种举动感动,主动捐款为我们村买砖修路。我们在村党支部的组织下,无偿出工出车拉土拉沙子,把村里的路垫高垫平后,用红砖硬化好。我们又在村党支部和刘佩文的倡导下,捐款立上了仿古迎宾门,安上了路灯和道德宣传牌,还栽了松树和鲜花。

我是学医的,1992 年 6 月从白求恩医科大学白城分校毕业后,一直在双胜村附近从事村医工作。在行医过程中,我看到很多人的病痛都来自不卫生的生活环境、不良的思想行为习惯。同时我也看到刘佩文和张利两位乡贤通过道德

[①] 刘明志,扶余市精神文明志愿者协会会长。

宣讲改变了一些人的思想，通过带领一些农民改善生活环境，使一些原来疾病缠身的人身体逐渐好转。这使我很受教育，决定向两位乡贤学习，引导人们改变不卫生的生活环境和不良的思想行为。这项工作比我单纯的行医更有意义、有价值。于是，我关掉了诊所，租了两垧①地种。我在种地之余，全身心地参与刘佩文和张利两位乡贤的道德宣讲活动。我家宽敞，我就在家里设立道德讲堂，刘佩文和张利两位乡贤经常来我家讲道德课。我对前来听课的人无偿提供午餐。我还在村里带头清扫街巷、清理垃圾、植树栽花。村里有的养猪户让猪的粪便随意往大街上淌。夏天，村里臭气熏天；冬天，村路结冰难行。为了改变这种状况，我就在夜晚摸黑把淌在街上的猪粪便清理干净。冬天，猪的粪便冻在路上，我就用镐刨。我怕这些人有意见，就对他们说"我要用这些猪粪给菜施肥"，然后把猪的粪便拉到我家菜园里。因为猪粪太多，把我家菜园"烧"得都不长菜了。那些养猪的人了解到我的良苦用心，就不再让猪的粪便往街上淌了。为了美化村子，我在自家庭院建了一座塑料大棚，义务培育花苗，栽在街道两侧。我的妻子非常贤惠，她特别支持我的工作，不但主动给前来听道德课的人做饭，还和我一起培育花苗。不论家务多忙，她都及时给花苗施肥、锄草、浇水、放风。等到花苗长大时，她带头把花苗栽到村子的街巷两侧。

2011年，扶余县委宣传部成立精神文明志愿者协会，我们村80多名村民加入这个团队。我被推选为协会秘书长。我感到肩上的责任重了，工作更加自觉勤奋。我一边处理协会的日常工作，一边遵照协会《章程》，和香水泉的志愿者一起，天天起早义务清扫街巷、清理垃圾，同时加大改善村容村貌的力度。2012年，村里决定把原来的水泥杆路灯更新成铁杆地埋线路灯，我带头捐款15 000元钱。在我的带动下，志愿者和村民们很快捐款15万元，安装铁杆地埋线路灯102盏，然后将撤下的水泥杆路灯安装到乡路上，使得香水泉屯与邻屯之间的乡路都实现了亮化。同时我们还制作了80块白钢材质的道德宣传牌，立在排水沟两侧。为了安灯方便，我经过多次尝试，学会了戴脚扣爬杆，并带动几位年轻人也学会戴脚扣上杆安路灯。后来其他村安路灯时，这些人成为骨干"电工"，无偿前去帮忙。我家也成了志愿者的活动中心。屯里开展各项公益活动，如排练文艺节目、焊制道德宣传牌、安装纱灯、制作彩旗、培育花苗等，都在

---

① 旧时土地面积单位，各地不同，东北地区多数地方1垧合15亩。

我家进行。来人去客招待吃饭也都在我家。这些年来,做公益事业在我家产生的电费、水费、燃油费等,我都自己承担。

2013 年,扶余撤县变市后,市委、市政府看到我们村干部群众密切配合,积极改善村屯环境,大加赞赏。为了鼓励我们,2018 年,市委、市政府拨付专款,把我们村的主路铺上柏油,副路打上水泥板,并统一修缮了文化墙,安装了铁艺小栅栏。市委市政府的关爱,使我们志愿者非常感动,都说:咱们得感党恩,念党情,把我们村建设得更好。于是,在刘佩文老师的倡导下,我们志愿者带头捐款 5 万多元,制作了 18 道过街大红灯笼串,悬挂在主街路上。接着,我们志愿者又捐款在村子后边租了一块地,建起一座面积约 1600 平方米的塑料大棚,义务培育花苗。每到夏天,我们就把屯里大街小巷的两侧都栽上鲜花。

村党支部干部看到我们主动捐款,义务出工,尽心尽力地美化环境,非常感动,立即从村集体资金中对我们的投入进行补偿。村委会又买来水泥,计划把主路的路面拓宽,方便车辆通行。村委会的举动,使我们志愿者深受鼓舞,大家立即义务出工,和村两委班子成员一起义务劳动,把主路的水泥路面到排水沟之间的土路面全部硬化。接着,志愿者又捐款焊制了 160 个花架,立在主街两侧;买来吊花,进行装饰。同时捐款将屯里的 102 盏铁杆地埋线路灯全部更新成太阳能路灯。村干部和志愿者携手并肩,共同努力,把我们的小村打扮得整洁美观、祥和温馨。随着小村由脏乱差变得净而美,我们也把村名“臭水坑”改成了“香水泉”。

我们不但主动改善村子的环境,建设美丽乡村,还挤时间编排爱党、爱国、爱村、爱家的歌舞、快板、三句半、相声、小品等文艺节目,义务为本村村民表演,寓教于乐,让更多的人接受道德教育。这种教育,提高了村民的道德意识,使大家升起了对党、对国家的感恩之心,树起了爱党、爱国、爱村、爱家思想,参与志愿服务的人明显增多。每当栽花、修路、安灯等大型公益劳动开展时,村里凡是有劳动能力的人都踊跃参加。夏天,家家都主动侍弄房前屋后的花。现在,村里再也没有不赡养老人的年轻人了。许多年轻夫妇都和公婆一起生活,对公婆特别孝顺。每年春节前,我们志愿者都聚在一起包饺子、蒸豆包、蒸糖包,买来水果和衣物,带上慰问金,到乡社会福利院去慰问那里的老人。向上向善,乐于奉献,在香水泉蔚然成风。

在志愿服务工作中,我们通过自我服务、自我管理、自我教育、自我监督,实现了自我提高。很多人不仅能拿起扫帚扫街，还会培植花卉、自编自演文艺节目、开展道德宣讲等，自身素质有了飞跃性的提高，跨进了新时代新农民的行列。

现在，我们村不仅被扶余市委、市政府确定为美丽乡村建设示范村，还被评为省级、国家级文明村，并且成为吉林省首批农业生产机械化合作社试点村，获得水利部首批安装膜下滴灌技术的优惠政策。

实践使我们认识到：只要干部群众携起手来，心往一处想，劲往一处使，多么脏乱差的村子都能变好。我们决心在村党支部的带领下，不松劲，不停步，坚持不懈地把志愿服务开展下去，把我们的小村建设得更加文明美丽，在此基础上，做好产业发展这篇文章，把乡村振兴战略落到实处，过上更加幸福美满的生活。

王家村 20 年风雨志愿路

讲述者：赵丽娜①

　　我们王家村坐落在肖家乡中部，总共 284 户，1041 口人。现有精神文明志愿者 302 名。从 20 世纪 90 年代末开始，村党支部带领村民，从学习中华传统美德入手，提升人的思想觉悟；从净化亮化村路开始，改善村容村貌；通过志愿服务的形式，建设文明美丽乡村。我们经过多年坚持不懈的努力，终于使王家村由脏乱落后变得美观文明。王家村先后被评为省市文明村，还被扶余市委市政府确定为美丽乡村示范村。

　　王家村地处两个山坡中间，地势低洼。夏季雨天，南北山坡上的雨水都往我们村里淌。1998 年以前，村里的路没硬化。整个夏天，大街小巷泥水不断，我们外出都离不开靴子。人们在院内堆柴火，在院外沤粪肥，随便扔垃圾，村里是又脏又乱，臭气熏天。当时的村党支部领导很想改变这种脏乱差的环境，但因村集体没有钱，所以非常着急。

　　面对这种状况，当时的普通村民，后来被评为吉林省道德模范的张利老师对村民们说，村子脏到这个程度，咱们村民有责任。我们不能等着国家给钱，依靠村干部去干，应该自己动手，义务改善村庄环境。他带头把村里大街小巷两侧堆积的垃圾清理出去。2001 年，张利和杜占军、朱显辉等 5 位有公德心的村民合伙到陶赖昭镇西三家子村包江湾地，用包地挣的钱在村里的主路安上路灯。他们又去包地，计划用包地挣的钱硬化村路。村民们看到张利、杜占军等人这么无私奉献，深受感动。于是，家家捐款，买来红砖、沙子和水泥，有劳动能力的人都义务出工，把村里的主街铺上了红砖，修上了排水沟。

　　村干部看到村民主动改善村庄环境，非常感动。他们不仅和村民一起劳动，还安排专人监督管理环境卫生。村党支部书记经常检查环境卫生，对乱扔

---

① 赵丽娜，扶余市肖家乡王家村志愿者分会会长。

乱倒者进行严肃的批评教育，并积极与县里有关部门沟通，协调运回200多万块青砖。村民主动义务出工，把村里的辅路和巷路全部硬化。

2011年，县委宣传部成立精神文明志愿者协会，我们王家村120多名村民加入协会。我们遵照协会《章程》，把"维护村容整洁"当作自己义不容辞的责任，天天起早义务清扫街路，清理垃圾，同时加大改善村容村貌的力度。2012年，我们捐款买来松树、桦树、果树和金叶榆树苗，分别栽植到村里的主、辅路两侧和一些空地上。随后，我们在志愿者王国清家的庭院里建起塑料大棚，义务培育花苗，栽在村路两侧。2013年至2015年，张利策划和设计，志愿者带头捐款，制作铁艺仿古牌楼式迎宾门，立在村里的主路东西头。志愿者在主街上立起四道过街彩虹门，安装60盏铁杆地埋线路灯。市委、市政府看到我们王家村干部群众密切配合，积极改善村庄环境，大加赞赏。为了鼓励我们，2019年，市委市政府为我们村铺上了水泥路面，安装了铁艺小栅栏。我们志愿者都非常感动，大家又捐款，把铁杆地埋线路灯全部更换成太阳能路灯，焊制23道过街彩虹门和一座迎宾门，挂上硬塑大红灯笼和中国结，分别立在村里的主街和后街上。村党支部领导看到志愿者为了改善村容村貌，不仅出工，而且不惜投入重金，非常感动，拿出12万元钱，对志愿者安装路灯、制作过街彩门、购买大红灯笼给予补助。看到村党支部这样支持志愿服务工作，志愿者深受鼓舞，又主动捐款，义务出工，焊制了260个花架，立在主街两侧，并买来吊花进行装饰。

家庭联产承包责任制开始在农村实行后，由于以家庭为单位分散经营，村民很少集中。之前村里没有能容纳200人以上的会场，没有专职道德宣讲员，所以农民的思想道德教育一度跟不上。张利挺身而出。他虽然文化水平不高，但从小酷爱读书，尤其对国学经典非常感兴趣。他熟读《弟子规》《论语》《道德经》《孝经》等传统文化著作，对其中的一些经典句子和章节铭记于心，并且有很深的理解。他看到村党支部急于寻找道德宣讲员，便毛遂自荐，请求担任村里的义务道德宣讲员。在征得村党支部的同意后，张利将自家的承包田转包给别人，放弃利用自己娴熟的木工和雕刻技术赚钱的机会，在自己家里开设道德讲堂，无偿进行道德宣讲。他针对一些人不知足、不感恩、不赡养老人、不重视家庭、不参加公益劳动、赌博酗酒等不道德现象，侧重宣讲孝、悌、忠、信、礼、义、廉、耻等中华民族传统美德。他的宣讲贴近群众、贴近生活、贴近实际，语言朴实，通俗易懂，人们非常愿意听，听后人们照着做就见效。所以我们村听的人越来越多,周边村庄的人也慕名而来。张利后来因宣讲得好而被评为全国优秀基层宣讲员。

2009年,张利为了村民有一个更大的学习活动场所,让更多的人接受道德教育,带领志愿者捐款50多万元,把村里一个个人养猪场买下来,建起了总面积5 000平方米的文化大院和400平方米的文化活动室。农闲时,我们每天晚上都到这里上美德课或娱乐健身。在张利的带领下,我们志愿者还捐款制作路灯杆上的宣传牌,让村民们耳濡目染地接受道德教育。我们还编排爱党爱国爱村爱家的歌舞、快板、三句半、相声、小品等文艺节目,义务为本村村民和前来参观的人表演,寓教于乐,让更多的人接受道德教育。

尤其是懂得了"老吾老以及人之老"的道理后,我们不但孝敬自家的老人,还关爱照顾周围生活有困难的老人。我们村七十多岁的朱文义老两口,双双患上脑血栓,身边的儿子弱智,家里脏得下不去脚。我们志愿者看到这种情况,便分组到他家洗衣、做饭、打扫卫生,定期给老人洗澡。我们轮班照顾两位老人达四年多,直到他们先后去世。接着,我们又照顾瘫痪在床的村民宋彩萍。她50多岁,体重近90公斤。丈夫患有精神疾病,照顾不了她。我们还是采取分组值班的方法,轮流到她家去做饭、洗尿布、收拾卫生,一直照顾到她病故。每年春节前,我们志愿者都聚在一起包饺子、蒸豆包、蒸糖包,买来水果和衣物,带上慰问金,到乡社会福利院去慰问那里的老人。向上向善,乐于奉献,在我们王家村蔚然成风。

我们的志愿服务从20世纪末到现在,已坚持20多年。这些年,我们在改善村容村貌、建设文化大院、关爱孤寡老人的志愿服务中,捐款近100万元,投入的人工和车辆无法计算。20多年来,我们围绕村容整洁、乡风文明开展志愿服务,到什么时候,做什么事,从未间断,志愿服务已达到制度化、规范化、常态化。20多年的志愿服务实践使我们深刻地体会到,建设文明美丽乡村,必须干部群众齐心协力,团结合作。如果只有干部参与,形成干部干、群众看的局面,和美乡村很难建成。如果只有志愿者参与,形成群众干、干部看的局面,群众的积极性则很难持久。只有干部群众团结起来,心往一处想,劲往一处使,人人出力,户户出钱,循序渐进,多么落后的村庄都能变好。

我们农民也要有尊严有质量地活着

讲述者：刘文贵[①]

我们九间房屯地处扶余市更新乡东南部，现有 132 户，480 口人，有精神文明志愿者 32 人。我们屯现在是绿树葱茏，鲜花盛开，彩旗飞舞，红灯高悬，整洁美观，可是在 20 年前，我们这里是出了名的垃圾屯。

那时候，主街和巷路两侧摆满了垃圾堆、柴草垛和沤粪坑。主街和巷路坑坑洼洼，凹凸不平。下大雨的时候，外面的车进不来，屯里的车出不去。每到秋天，村民从地里往回拉庄稼，车打坞[②]是常有的事。我们屯的西头就是"149"公路，来往的行人和车辆很多。一些人看到我们屯又脏又乱，就送给我们屯一个"垃圾屯"的绰号。

那时候，屯里的人也特别愚昧落后。好多人闲着没事，不是打麻将，就是看小牌[③]。面对这种落后状况，我的心里很着急。我想，我们虽然是农民，但也不能总在这脏兮兮、乱糟糟的环境里稀里糊涂、没尊严、没质量地生活啊！尤其是到附近的香水泉屯去听刘佩文和张利两位乡贤讲道德课，我明白了这样一个道理：人首先要自尊。只有自尊，才能得到别人的尊敬。我们农民自己不争气，连自己居住的环境都不收拾，把村子弄得像垃圾场似的，谁能瞧得起我们？另外，人不能太自私，不能只为自己活着，应该做些有利于国家、有利于社会、有利于大众的事。这样，对自己、对家庭、对国家、对社会都有好处。于是，我决心带头改变村子的脏乱差环境。

1989 年 9 月，我率先开着自家的四轮车拉土垫道修路。我妻子和我的两个哥哥两个嫂子看到我义务修路，觉得这是好事，就和我一起干起来。后来，有两位村民也参加了我们的义务修路劳动。我们一干就是 4 年，每年都拉土 100

[①] 刘文贵，扶余市更新乡新红村九间房志愿者分会会长。
[②] 东北方言，是指车轮陷进坑里。
[③] 东北地区将人们玩这种类似麻将玩法的长条纸牌叫作"看小牌"。

多立方米。通过我们坚持不懈的努力，村里的路变得平坦了，人们出行方便多了。在我们的带动下，许多村民纷纷参加到清理环境卫生的公益劳动中来。大家一起动手，起早贪黑地干，终于把屯里堆积多年的垃圾堆、柴草垛和家家门前的沤粪坑陆陆续续地清理了出去。然后，我们每天早上四点钟起来清扫街道。不管家里的活多么多、多么急，我们早上都先把街道清扫干净，再去干家里的活。同时，我们还定期清理垃圾堆和排水沟，保持屯内的街巷和公共场所干净整洁。

村党支部书记看到我们自动自觉改善和维护屯里的环境卫生，非常高兴，大力支持我们的工作。他带领村干部定期检查屯内卫生，要求村民不在植树台上垛柴火、种植物、堆垃圾、沤粪肥。村领导的大力支持，让我们干劲倍增，决心向香水泉屯看齐，在维护好环境卫生的基础上，有组织、有计划地改善村容村貌，努力把我们屯建设得文明美丽。从 2003 年开始，我们陆续做了这样几件事。

一是亮化环境。为了使屯里的人晚上走路不摸黑，2003 年，我带头捐款，在屯里安装了 22 盏简易木杆路灯。2005 年，我组织村民捐款，把原有的木杆路灯更换成水泥杆路灯。当时已是 12 月下旬，天气很冷，地上的冻层有 70 多公分厚，挖路灯杆的坑很困难。但是为了赶在新年前让路灯亮起来，我们就用火烤的办法，一点儿一点儿把地上的冻层化开，把埋路灯杆的坑刨出来，每天都干到晚上 12 点钟以后。在大家的共同努力下，仅用三天三夜的时间，就把路灯杆立好。这件事使我们认识到，只要立志做好事，就一定能成功，我们改善村屯环境的决心更坚定了。

2012 年，国家发出改造农村电网的号召，我们村积极响应。村党支部和我们商量，决定村上出钱，志愿者出工，自行设计，自己焊制灯杆，把原来的水泥杆明线路灯更换成铁杆地埋线路灯。村干部和我们一起设计，一起施工，用了一个月时间，焊制钢管灯杆 426 盏，把主街两侧都安上了路灯。为了让村里的主路都亮起来，我们志愿者和村民又共同捐款 8000 元，把屯里一条南北主路也安上了铁杆地埋线路灯。为了节约能源，2021 年，我们志愿者捐款 37000 多元，把 70 多盏铁杆地埋线路灯又更换成太阳能路灯。

二是硬化街巷。2007 年，为了彻底解决行路难的问题，村党支部决定把村里的主路铺上红砖，但只有买砖的钱，没有雇工的钱。这时，我们志愿者主动义务出工，把屯里长达 2 公里的主路硬化好。2008 年，村上决定把主路的排水沟修上，把村里的土路全部用红砖硬化好。这次，又是村里买砖，我们志愿者义务出工。我们积极配合村党支部，顺利完成了屯里的硬化任务。

三是绿化美化村容。从 2008 年开始，我们积极配合村党支部，开始有计划地绿化美化村容。2008 年秋天，村里买回 800 多棵松树和金叶榆树，我们志愿者立即义务出工，把这些树栽在街路两侧。村部前面两个花瓣式大花坛，也是村上买砖，我们志愿者和村里的瓦工一起义务出工精心修成的。2009 年，为了把我们的小屯美化好，我个人出钱，在自家院里扣了一个花棚，然后和妻子一起义务培育花苗，栽在村路两侧。开始，我们每年只培育花苗 3 万多株。为了把屯里的街巷都栽上鲜花，又有三位志愿者在自家院里扣了育花苗大棚。四个育花苗大棚，每年培育花苗 10 万多株，把屯里的街巷美化好之后，剩余的花苗还支援了附近的村屯。但是，这 4 个花棚太零散，不便于管理，2018 年春天，志愿者刘文发花了 7 000 多元钱，在自家后院建起一座面积 400 多平方米的育花苗大棚，安上自喷式浇花设备。这一个大棚培育出的花苗就够全屯美化用，而且还便于管理。另外，志愿者在一起劳动，还能利用劳动时间交流志愿服务的心得体会。

来过我们屯的人，都看到我们屯的西边紧邻乡路有一片小花海，非常漂亮。可是在以前，那里是一位村民的责任田。但他外出打工，这块地闲置多年不种，地里不仅杂草丛生，还堆放了很多垃圾，严重破坏了屯里的环境。为了使我们的小屯没有卫生死角，志愿者和这位村民协商，把这块荒废多年的地买了下来。然后志愿者用了整整 7 天时间，把地里的杂草和垃圾清理干净，栽上鲜花，还用鲜花组成了"美丽扶余""大美吉林""和美乡村"等文字。每年夏天，附近一些准备结婚的年轻人都到这里来拍婚纱照。

四是文化村风。为了使村民耳濡目染地接受道德教育，我们努力在屯里营造文明向上的环境，以文化人，净化乡风。2016 年，我们捐款 8 000 多元，安装了 40 块白钢材质的宣传牌，写上道德名言警句，立在主街两侧。

2018 年，扶余市委把我们村定为美丽乡村示范村，给我们屯铺上了柏油路和水泥路，安上了景观路灯，建了文化墙，又送来铁艺小栅栏散件。市委对我们的重视和支持，让我们志愿者非常感动，建设美丽乡村的干劲更大，信心更足。我们迅速义务出工，把小栅栏组合好，安装在街路西侧。2018 年末至 2019 年末,我们志愿者捐款 10 万多元,买来钢管、铁架和灯架,焊制 36 道过街灯架,安装硬塑大红灯笼 320 个,安装中国结灯 17 盏。夏天,我们把自己培育好的盛开的吊花放在花架上。冬天,我们志愿者捐款,买来布艺串花,摆放在花架上;买来五颜六色的彩绸,制成彩旗挂在街道上方;买来各种各样的彩灯,挂在花坛上、松树间和街道两侧的栅栏上,使我们的小屯夏有夏花,冬有冬景,一年四季,都很美丽,村民都为有这样好的居住环境而高兴。

随着我们的小屯不断变美,前来调研、参观的干部群众不断增多,他们都向我们投来佩服、敬重的眼光,这使我和志愿者感受到了有尊严地活着的快乐,更加坚定了我们把自己的小屯建设得更好的决心。

朋友们,我们九间房屯之所以由脏乱差变得洁而美,就是因为我们这里干部群众团结一心,密切配合,无私无怨地奉献。如果中国的村屯都像我们屯这样,干群携手,奋力拼搏,一定会加快党的乡村振兴战略的实施,农民也能早日过上向往的幸福生活!

昔日"刁民村"，今日变文明

讲述者：李英海①

我生在下沟，长在下沟，现在是下沟村的一名村医。我对生我养我的下沟村充满感情。

20年前，我们下沟村村风不好。打仗（方言：打架）斗殴成群，赌博盗窃成风。有人送给我们村一个绰号："刁民村"。那时，村里的环境极其脏乱。许多人只扫门里，不管门外。有的人还把垃圾倒在街中间，把柴草垛放在院墙外，把沤粪坑修在大门旁。站在村路放眼望去，到处都是垃圾堆、柴草垛、沤粪坑。2 000米长的主街路，八个大沟贯穿其中。夏天，道路泥泞，杂草丛生；冬天，冰雪把街路堵得没法通车。没有月光的夜里，村里漆黑一片。村干部想改变这种脏乱的状况，但人少力单，费尽九牛二虎之力，却收效不大。

其实，我们"刁民村"绝大多数人都是具有良知并且通情达理的。这些人看到离村子只有2 500米的王家村环境越来越整洁优美，人也越来越文明，十分羡慕，都说：同样是农村，同样是农民，王家就那么好，我们就这么差，真是一种耻辱。"刁民村"这个绰号不拿掉，村里的男孩子都不好找媳妇！

王家村怎么搞得那么好？我和村民赵正武前去取经。经过和那里的村民长谈，了解到王家村是通过组织村民学习优秀传统文化，听思想道德课，使村民转变观念，提高公德意识，积极参与公益事业建设，村子才变好的。于是我们就向村干部建议：请王家村的道德宣讲员张利到下沟村讲课。我们的建议，得到了村书记的大力支持。从2010年5月到2011年6月，张利老师接受我们的邀请，先后四次到我们村讲道德课，听课的人一次比一次多，发生变化的人也一次比一次多。

我和村民赵政武听了张利老师的道德宣讲后，便按照他的教诲，带头义务

---

① 李英海，扶余市精神文明志愿者协会副秘书长，肖家乡下沟村志愿者分会会长。

清扫街巷,清理垃圾。我俩一边干一边和关系比较好的村民说:咱们村子2 000米长,方圆40多万平方米。这么大的村子,只有10来个村干部经管,累死他们也整不好。俗话说:村屯是我家,建设靠大家。咱们在这里住着,好多人除了种地也没啥别的事,有的人闲得整天打麻将。咱们何不把剩余的时间和精力用在改善村子的环境上。也像王家村那样,一年修一条路,砌一段沟,栽几十棵树,拼个五六年,把下沟村的环境彻底改变。村里的环境好了,咱们住着也舒心啊!在我们的说服、动员、带动下,一些村民很快行动起来。每天早上五点前,我们一起义务清扫街道、清理垃圾。政府扶持配套的水泥街道、健身广场和文化大院、文化活动室等公共设施,我们都义务管理,定期维护。我们还捐款在村里的植树台上栽树栽花,在大街小巷两侧安装路灯,在主街安装景观灯、宣传牌和花架。从2012年到2020年,路灯由木杆换成水泥杆,水泥杆换成铁杆地埋线的,铁杆地埋线的又换成太阳能的,先后更换路灯700多盏。我们还栽松树685棵、果树680棵、花卉树1 200多棵,修排水沟4 000延长米,用红砖硬化街巷6 000多延长米,硬化面积将近1万平方米,同时拉土将村里的8个百年大沟垫平。从2018年开始,我们每年都培育花苗5万多株,买吊花6 000多棵,用于主街的美化。10年来,在改善村屯环境上,我们累计捐款200多万元,投入的工时和车次无法计算。从2022年开始,我们每天早上出动6台三轮车,逐门逐户义务收集垃圾,做到垃圾日产日清。

我们不但带领志愿者积极改善村里的环境,还带领大家定期慰问乡福利院,随时照顾村里的孤寡老人,帮扶突发困难的乡邻。我们村的五保户、年近八旬的张方勋老人卧床不起,大便不通,我就用手给老人通大便。孤寡老人王志家的炕堵了,不能烧火做饭。当时正值腊月,我得知情况后,立即组织志愿者把他家的炕扒开重新搭好,又重新搭了灶台,买了炊具,使老人能正常生活。一村民突然脑出血住进医院,妻子和孩子都去医院陪护,家里的两垧地萝卜应该间苗了,我就组织志愿者去他家地里给萝卜间苗。

我是一名乡医,在村里开了一个诊所,行医多年,收入一直挺好。参与志愿服务以后,我的大部分时间都用在了做公益上,诊所经常关门,收入锐减。安灯、修路等大型公益活动,投入很大,我都带头多捐款。例如安装铁杆地埋线路灯,100盏路灯需要12万多元钱,我自己就捐了5万元。修村里的巷路时,为了节省资金,我听说附近的榆树沟小学要重建,就找到这个小学的领导,以最低的价格买下了这所小学操场和教室地面上铺的砖，然后带领志愿者义务劳动，把这些砖一块一块起出来，再雇车拉回村里，铺到巷路上，前前后后用了一个多月的时间，我的诊所也一个多月没开诊。有患者找我，我就告诉他说：我没时间看病，你到村里的另一家诊所去看吧！为此，我的妻子十分不理解，指着我的鼻子说："到手的钱你不赚，还一个劲儿地往出捐钱，你这不是傻透气了吗？有你这么过日子的吗？"有两次，她竟然把我的被褥从窗户扔到了院子里，说不和我过了。后来竟然去长春打工了。

我想人不能没钱，但也不能只为钱活着，更不能只为自己活着。我生在下沟，长在下沟，应该带头建设下沟，为村民创造一个良好的生产生活条件，这样，才活得有意义、有价值。于是我仍然带领志愿者们按部就班地开展志愿服务。

我们村主路的水泥路面只有 4.5 米宽，水泥路面两侧到排水沟各有 1 米多宽的土路，既不美观，来往车辆交会时也不方便。2023 年，村委会决定把主路两侧的土路全都修上水泥路面。为了给集体节约资金，村里出料钱，我和其他志愿者义务出工。这一工程前后用了 20 多天。有时混凝土到得晚，我们都干到晚上 11 点钟左右。赶上雨天，我们就冒着雨干。

我们的无私奉献精神，深深地感动着村干部。他们挤时间和我们一起义务劳动。村里没钱时，就给予我们精神鼓励；村里有钱时，就给予我们物质支持。从 2019 年开始，每年都拨给我们 5 万元的垃圾清理费。为了便于我们对环境的维护管理，村上不断地给我们购置大型保洁机械。2019 年给我们购置了一台铲车，2022 年给我们购置了三台电动三轮车，2023 年给我们购置了一台洒水车和一台垃圾清运车。我们在志愿服务中遇到困难和问题，村干部第一时间出面处理。村干部对我们的尊重和关爱，使我们深受鼓舞，志愿服务的积极性更高。

现在，我们下沟村不仅环境越来越好，村民的素质也越来越高。村民看到我们真真正正、实实在在地为大家营造良好的居住环境，都非常感动。每次栽花、修路等大型义务劳动，有劳动能力的人都参加。有些村民还抢着为我们买饮料、买水果、准备伙食。原来村里的几个小卖店，个个都有麻将机。许多村民每天吃完早饭赶紧去占位子，去晚了怕玩儿不上。现在，这些小卖店的麻将机全撤了，有些"麻坛老将"都成了志愿者。前些年，我们村上访告状的人成群结队。如今，这些人都不再上访。2011 年，县里成立精神文明志愿者协会，我们村有 130 多人报名。现在,这些人都成为村里的精神文明建设骨干,带头参与公益活动。现在,我们村是远近闻名的文明村。

我现在不但是我们下沟志愿者分会的会长,还是市精神文明志愿者协会的副秘书长。村里的干部群众对我不但尊重,而且关怀备至。我妻子外出打工不在家时,很多人就找我去他们家吃饭,有的人还给我送饭。我妻子看到村子越来越整洁美观,大家又这样尊重我、关心我,思想也发生了转变。现在,她不出去打工了,也不指责我了,有时还和我一起参加义务劳动。我的孩子大学本科毕业后考上了研究生,学习很刻苦。他原来身体比较弱,性格也内向。现在不但身体强壮,性格也开朗了。他经常和我说:"爸,你尽管做你的志愿活动,不用惦记我,也不用给我攒钱。我能管好自己,也有能力养活自己!"

看到村子和家里的这些变化,我深切地感受到,只要坚持不懈地做好人、做好事,一切都会向好的方面转化。我决心咬定志愿不松劲,坚定不移向前行。

我要把美化环境这件事一直做下去

讲述者:林武通[1]

我们丛林村有 6 个自然屯,我所居住的腰屯是其中一个,只有 67 户人家、220 口人。南边是我们村的前邻家屯,北边是我们村的丛家屯。我们三个小屯加起来总共只有 210 户人家。

十几年前,我们这三个自然屯自然环境非常不好。屯里没有宽阔笔直的街道,只有弯弯曲曲、窄窄巴巴的村路,两侧还排满了柴草垛和沤粪坑。虽然村委会把我们这三个自然屯人们常走的街道用红砖硬化了,但因为没有排水沟,一下雨,街上就全是水。我们三个自然屯中间都相隔 800 延长米,这两段乡路坑坑洼洼,两侧的杨树东倒西歪。夏天,树下蒿草丛生。到了秋天村民往回拉庄稼时,别提多费劲了! 我生在这里,长在这里,一想到要一直在这样的环境中生活到老,心里就有一种说不出的痛。

1997 年春天的一天,我到双胜村的亲属家去参加婚礼,遇到张利和刘佩文两位乡贤在婚礼上讲道德课。张利老师说:"我们很多人只知道祸害屯子,却不知道收拾屯子。我们把屯子弄得像个猪圈似的,我们不就过着猪一样的生活吗? 有的人抱怨政府不给钱,村干部不打扫街道卫生,你咋不想想,咱们国家这么大,村屯这么多,政府能全都拨款给建设吗? 有的村都五六个自然屯,2 000多口人,村干部总共五六个人。他们就是专门收拾环境卫生,也干不过来呀! 咱们农民必须明白,自己的村屯应该自己建,建好了村屯,受益的是我们自己呀!"张老师还说:"幸福不会从天降! 咱们农民要想远离脏乱差的环境,就得自己动手干。咱们利用农闲时间,把垃圾清出去,把道路垫起来,天天都把房前屋后扫一扫,坚持这样做,屯子不就干净了吗? 何必抬头看柴草垛,地头看沤粪坑,天天都没有好心情!"张老师的话,句句敲在我心上,我觉得他说得有道理。

---

[1] 林武通,扶余市更新乡丛林村腰屯志愿者分会会长。

回家后我就开始拿起扫帚扫街,推着推车清理垃圾。

我们农民都很淳朴,好多人都向上向善,乐于做好事、做善事。我带头扫街、清垃圾,一些人就跟了上来。我们从 1997 年 3 月开始,每天都起早义务清扫街巷、清理垃圾,一直到现在,从没间断。

2003 年,我看到香水泉屯的村民捐款安路灯,就向他们学习,带头捐款,在我们小屯的街道两侧安装路灯。从 2003 年到 2021 年的 19 年中,我们集中更换了 5 次路灯。刚开始安路灯时,灯头挂在农电的电线杆上,后来一步一步换成木杆、水泥杆、铁杆地埋线和现在的太阳能路灯。

我们还捐款在村头立迎宾门,在道路两侧栽植松树,在路灯杆上悬挂宣传牌。现在,我们腰屯有彩钢迎宾门两座,路灯 100 盏,松树 600 棵,道德教育宣传牌 84 块。

2011 年,市里成立了志愿者协会,我们腰屯有 70 多人报名参加,我被推选为腰屯志愿者分会会长。成立志愿者分会后,我们按照协会的要求,加大改善环境的力度,不但清扫村里的街巷,还清扫村外的乡路,使村内村外的道路夏天不存垃圾,冬天不存积雪。我还带头捐款买砖,在村内地势最低的路段修了一个渗水井,解决了这里一下雨就积水、人车不能通行的问题。

为了把我们的小屯建设得更美,我们从 2005 年开始,就自己培育花苗栽在屯内的道路两侧。我在我们家的庭院建了 1 个温室育花棚和 4 个塑料育花棚。

2014 年,我看到村委会把我们屯与前邻家和丛家相连的两条乡路上的树伐掉,要重新栽杨树,心想:"我们腰屯、前邻家、丛家三个屯子都没有一条像样的路,人们连个遛弯的地方都没有。如果把这两条乡路栽上松树和鲜花,就给人们创造了一个休闲、锻炼的好地方。"我把这一想法和村领导一说,村领导大力支持。于是腰屯、大前屯、前邻家三个屯的志愿者携起手来,把连接我们三个屯的两条总长约 1 600 多延长米的乡路也绿化、美化了起来。我们在乡路两侧栽上了松树和鲜花,安装了路灯和宣传牌。美化面积扩大,花苗用量也大,每年培育 10 万株花苗已不够用,我就自费在自家的承包田里建了一座总面积达 1 000 平方米的钢筋铁骨架的高标准的育花苗大棚,在大棚里打了一口电机井。每年培育花苗 20 多万株,全部无偿用于我们三个屯和两条乡路的美化。

在美化环境上,我不甘心总是一个模式,不断动脑筋、想办法、搞创新。为了提高绿化美化的艺术性,使其具有观赏性,2018 年,我和志愿者改变了以往只是成行栽花的模式。大家不怕费时费工，根据花苗的颜色和品种，组成不同的图案。我们还焊制 4 个花塔、6 个花架、20 个花柱、122 棵花树、84 个灯箱，并且用废弃轮胎组成 44 个花盆，购买 2 100 株景观花卉，分别摆放到乡路两侧。2019 年新年，我们看到香水泉和九间房等屯都安装了硬塑材料的大红灯笼，造型美观，四季常红，非常漂亮，决定效仿。我和志愿者一起筹划，一起购置材料，一起动手制作。经过 3 个多月的奋战，投入 5 万多元钱，在屯内外组装了 45 道过街大红灯笼串，在扶余境内打造出两条"最美乡路"，为乡亲们营造了一个整洁美丽、风景宜人的小环境。这几年，每到鲜花盛开时，村民们早晚都到这两条乡路上散步。附近村屯的一些人有时也到这里来散步。整个夏天，这两条乡路游人不断，很多人还在这里拍照留影。一些结婚的新人特地绕到这里照相或录像。

美化环境不是简单的义务劳动，它还需要技术，需要正确的方法和毅力。例如培育花苗，得适时给花苗浇水、通风、施肥、治病。花苗栽到绿化带中，得适时浇水、松土、锄草、用药。每年春天，从花籽撒进暖棚到花苗移栽至塑料大棚，再移栽到绿化带内，需要 3 个月时间。这 3 个月里，我和妻子每天早上起来的第一件事就是去育花棚，需要干啥就干啥。这些年来，给花苗浇水一直是我的"专职"。在育花棚里给花苗浇水，把整栋大棚的花苗浇完，我身上的衣服从里到外都被汗水和井水打湿，整个人就像从水里捞出来一样。花苗移栽到绿化带后，老天如果不下雨，三天就得浇一回。两条乡路浇一次就得两个半小时。我一个人一边开车一边不断地调整喷头。浇完花，两只胳膊累得酸疼，身子被电机震得感觉一直在颤抖。我每年都种六七垧地，农忙时我既要经营地，又要照顾花，非常累。但是，不论怎么累，不论遇到什么困难，我志愿美化家乡的心一直不动摇。我是这样想的："改变环境不是一朝一夕的事，必须要有爱心和毅力，必须要有奉献精神和坚持精神。我是农民，干不了惊天动地的大事，那就干点儿改变环境的小事，给自己和乡亲们造点儿福，使自己的人生有点儿意义！"因此我下定决心：只要身体允许，就把这件事一直做下去！

我决心永远做个志愿者

讲述者:赵登仁[①]

我们伯小铺屯坐落在更新乡南部,总共 178 户,760 口人。现有农民志愿者 133 名。我们屯是一个普普通通的小自然屯。20 多年前,这里和许多村屯一样,垃圾随便扔,柴草任意放。屯中的街路,夏天泥泞难行,冬天冰雪覆盖不好走。街路两侧一棵树都没有,有的只是张家的柴草垛、李家的沤粪坑。

为了改变屯里的脏乱差面貌,我们屯的有识之士从 20 世纪末开始,就组织人到附近的香水泉屯听乡贤刘佩文和张利讲道德课,主动在屯里清扫街道,清理垃圾。当时,我正热衷于赌博,还因赌博被乡派出所罚过款,闹得家里老人不省心,妻子和我吵架,孩子也不好好上学。家里人为了改变我,就拉我一起去香水泉听道德课。真是不听不知道,一听开了窍。两位老师说:"一个人如果没有德,吃喝嫖赌,不走正道,受害的首先是自己和家人。最后,不是债台高筑,妻离子散,就是疾病缠身,痛苦不堪。"他们还列举了身边的许多事实。有些人和事,都是我见过的。反观自己的家庭,矛盾越来越多。这些矛盾都是因为我赌博引起的。这样发展下去,后果真是不堪设想。两位老师还讲,"作为人,应当以德为本,应当做好事,做善事,给子孙后代做个好的榜样。不能稀里糊涂、浑浑噩噩,做些不道德的事,让周围的人指脊梁骨,让子孙后代瞧不起"。通过多次听道德课,我醒悟了,认识到赌博的危害性,决心告别赌博,做个好人,做个有德的人,带头做好事、做善事。于是我加入志愿服务团队,带头捐款,带头义务出工。

2003 年,我带头捐款在屯里安装了 84 盏裸线水泥杆路灯。2012 年,我看到裸线连接的路灯存在安全隐患,就配合农村低压电网改造,带头捐款 10 万元,安装新式铁杆地埋线路灯 126 盏。为了节约资金,我带领几名志愿者到哈尔滨一个路灯厂去学习,回来后自己动手焊制路灯杆。当时,我们是扶余市第

[①] 赵登仁,扶余市更新乡丛林村伯小铺志愿者分会会长。

一个群众自费安装新式铁杆地埋线路灯的村屯，也是第一个自己动手焊制新式路灯杆的志愿者团队。2021年夏天，为了节约能源，我们志愿者又捐款6万多元，把屯中的164盏铁杆地埋线路灯全部更换成太阳能路灯。

2004年，我们学习先进村屯的做法，捐款在村子主街的东头和西头各立一座简易迎宾门，让村民进了迎宾门，感觉回到了自己的家，树立"村屯是我家，我要热爱他"的思想。2010年，我们拆掉简易迎宾门，捐款4万多元，制作安装了老式铁艺迎宾门。2016年，我们看到新式铁艺迎宾门非常漂亮，又把两个老式铁艺迎宾门更新成美观的新式铁艺迎宾门。为了节省资金，我带领志愿者从长春购买材料，自己焊制，自己安装。

2005年，村里想为我们屯硬化街路，但只有砖钱，没有工钱。我知道后，就带领志愿者义务出工。周边村屯的志愿者闻讯后，也前来帮工。仅一天时间，就把屯里2700延长米的土路全部铺上红砖。2012年，又是村里出砖，我带领志愿者义务出工，在屯子主路两侧修了1700多延长米的排水沟。至此，我们彻底改变了夏季雨天出门踹泥的状况。村党支部为了鼓励我，奖励我3000元钱。我没把这笔钱揣进腰包，而是又带头捐款8000多元，把自己的3000元钱奖金加进去，买来600多棵松树苗，栽在村路两侧。

从2007年开始，我带领志愿者在屯内的街巷两侧栽花，美化自己的小屯。为了减少美化成本，我在自己家院里扣上育花棚，和妻子一起义务培育花苗。为了扩大屯里的美化面积，2019年，我们志愿者捐款租地，扣起一栋1500平方米的育花苗大棚，每年培育花苗20多万株，把我们屯大街小巷的绿化带都栽上鲜花。我们还自己动手焊制大小花架，分别安装在主街和迎宾门两侧，上面放上吊花。在我们的精心呵护下，现在，四季常青的松树，枝繁叶茂，已经长到五米多高。每到夏天，村里绿树红花相映衬，非常漂亮。

为了引导村民提高道德素质，2005年，我们就开始焊制宣传牌，写上劝人向上向善的道德名言警句。当时，我们把宣传牌挂在路灯杆上。为了方便村民学习，2012年，我们又捐款买来白钢，焊制67块大的道德宣传牌，立在村路两旁的排水沟旁边，并且每隔两年更换一次宣传内容。

为了把我们的小屯打扮得更美，从2015年春节前开始，我们捐款购买布艺大红灯笼，悬挂在主街上空。2017年，我们又推陈出新，在每个路灯中间立起一道过街彩门，挂起大红纱灯串。2019年，我们看到香水泉屯悬挂起硬塑大红灯笼,立刻捐款买来 600 多个硬塑大红灯笼,把一年一挂的 40 道大红纱灯串换成久挂不动、四季长红的硬塑大红灯笼串。现在每到夜晚,我们的小屯红灯与路灯交相辉映,呈现一派喜庆祥和的景象。

在改善居住环境的工作中,我们屯做到了干部群众互相理解,彼此支持,同心同德,携手共建。我们开始改善屯里的环境时,村集体没有积累,不能投入资金。对此,我们志愿者非常理解,既不埋怨,也不等靠,而是自己动手筹措资金。我带领志愿者每年都包四五垧地,包地的收入全部用于公益事业。

到了冬天,为了方便清理垃圾、清理积雪,我带头捐款买铲车。当时我几乎把自己当年种地的全部收入都捐了出来。在我的带动下,志愿者纷纷捐款,很快凑到 6 万多元,购回了一辆铲车。从此,我们结束了一锹一镐清理垃圾和积雪的历史。

据不完全统计,20 年来,我和其他志愿者用于公益事业的捐款 60 多万元,付出的工时和车辆则无法计算。

我们志愿者的无私奉献精神,村党支部成员看在眼里,感动在心里。他们说:志愿者是我们村党支部的得力助手,他们这是在帮我们村干部治理村子。因此,大力支持我们的志愿服务工作。我们安装铁杆地埋线路灯和太阳能路灯时,村里虽然资金紧张,但还是分别按每盏路灯 200 元或 500 元的金额补贴给我们。我们的育花苗大棚用地,开始是志愿者捐款租的。2021 年,村委会通过承包地地块的调整,把育花苗大棚的土地无偿划拨给志愿者经营,这对我们是一个巨大鼓舞。这两年,我们在培育完花苗后,就利用育花苗大棚种植蔬菜。蔬菜售出后的收入,全部用于屯里的公益事业,使志愿服务走上良性循环的轨道。

这些年,村委会总计出资 20 万多元,资助我们开展各项公益事业,这不但鼓舞了我们的士气,也增进了我们与村干部之间的感情,增强了我们携手共建美丽乡村的决心和信心。

在我们志愿者的无私奉献精神感化下,最近几年,伯小铺屯的居民们也都行动起来,大家主动出钱出工,助力志愿服务活动。我们安装新式铁艺迎宾门时,屯中的私营企业家张晓峰主动捐款 2 万元。2019 年,我们志愿者带头安装硬塑大红灯笼时,临街的住户每家主动出资 300 元,购买灯花树两棵,立在主街两边,使我们的小屯又增添了一道靓丽的风景,也展示了全体村民共建美丽家

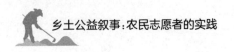

园的风采。

因为我们的志愿服务活动已达到全民参与，我们屯的各项美丽乡村建设项目，从发起到收工，都顺风顺水。有人风趣地说：伯小铺的志愿者真行，想干啥就能干成啥！

我们屯干群携手共建美丽家园的事迹，得到扶余市委领导的重视。2018年，市委、市政府将我们屯确定为"美丽乡村示范区重点村"，还给我们修了水泥路，建了文化墙，把植树台用蓝白相间的栅栏围起来，使我们伯小铺屯更加整洁漂亮。

由于我肯吃苦，处处起带头作用，先是被推选为伯小铺志愿者分会会长，后来又被推选为扶余市精神文明志愿者协会副会长。我从事志愿服务工作后，整天想着如何把自己居住的小屯建设得更好。我的时间和精力除了经营自己的承包田，几乎都用在做善事上了。我的父母和妻子看我这样，非常高兴。妻子也和我一起参加屯里的各项志愿服务活动。我的儿子现在在省会长春工作，已经结婚生子。儿媳妇贤惠懂事，孙子聪明可爱。我们家现在是父慈子孝，非常和乐。这使我深刻地体会到：一个人，只有走正道，做好人，做好事，才有好的结果。我决心永远做志愿者，永远建设家乡，服务乡亲。

志愿服务使我的人生发生逆转

讲述者:赵维玲①

　　我叫赵维玲,是肖家乡王家村一个普通农家妇女,今年已经52岁了。我原来性格内向,少言寡语,不爱与人交往。童年的时候,母亲每次要带我去外婆家,我都不愿意去。上中学时,班主任经常对我说的一句话就是:"你说话就不会大点儿声吗?"因为学习成绩不拔尖,高中毕业没有考上大学,23岁那年就结了婚,来到肖家乡王家村这个新的生活环境。

　　因为嫁到王家村,我的人生发生了惊人的逆转。丈夫他兄妹九人,六位兄长成家之后都分家另住,两位姐姐也都嫁了人。家里有公公婆婆和外婆,我们婚后和三位老人生活在一起。刚到王家村的时候,一切都是陌生的。我每天做完家务活,就待在自己的屋里,大门不出,二门不迈,只是春种秋收时和丈夫一起下田劳动,成了一个名副其实的农家妇女。

　　日子悄无声息地一天天过去。随着大女儿的出生,我感到在这个四世同堂的大家庭里,有很多不随心的事。尤其是在一些事情上与婆婆意见不一致,在与小姑子和大伯嫂子的来往中产生矛盾时,自己总是生闷气。本来就内向的我,话更加少了,和邻居也不说话。一次,我在院里晾衣服,听前院诊所的张大夫和我丈夫说:"你媳妇和你也不说话呀?"那时候,村里有些人以为我是个哑巴!

　　时光飞逝,十几年悄然过去,我的两女一子相继出生。我和村里的农民一样,普通得不能再普通。虽然在这些年中,家族的是是非非让我成长了不少,但最终改变我的还是加入了精神文明志愿者这支充满正能量的队伍。

　　2011年,村里成立了精神文明志愿者分会,我和村里的一些姐妹们都报名加入了这个团队。按照协会《章程》,我和志愿者一起参加各种志愿服务活动,

―――――――――――――

① 赵维玲,扶余市肖家乡王家村志愿者分会报道员。

并且经常听我们村志愿服务带头人、吉林省道德模范、全国优秀基层宣讲员张利老师的道德宣讲，我的思想受到了触动。

有句话说得非常好："人最难的是正确认识自己。"原来我一直以为自己一贯正确。家里发生矛盾，我总是往外怨，认为都是别人的错。听了张利老师的道德宣讲，明白了"行有不得，反求诸己"的道理。我经常扪心自问："父母给了我生命，我理应尽孝。公婆虽然没有生养我，但他们生养了我的丈夫，给了我一个非常优秀的另一半，又辛辛苦苦地帮我们小两口照看孩子，70多岁了还能在农忙的时候为我们做饭，这是多么大的情分啊！我应该和丈夫一起好好地孝敬他们，有什么理由挑他们的毛病，有什么理由不好好孝敬他们呢？"认识到了自己思想上的谬误和行为上的错误，我开始尝试改变自己，努力做到，想公婆所想，念公婆所念。

公婆非常惦记哥哥嫂子们，有什么好吃的，总想着找他们来吃。原来我一看他们这样，就认为他们偏心，就在心里生气，想办法阻拦。因此，不仅和公婆关系不睦，和哥哥嫂子们的关系也别别扭扭。现在，我不再斤斤计较，有什么好吃的，先张罗着找哥哥嫂子们过来一起吃。有什么好用的，和哥哥嫂子们一起分享。我想，哥哥嫂子和我们一样，都是公婆的孩子，公婆都惦记，这是人之常情。我想公婆之所想，主动关心哥哥嫂子们，让老人高兴，这也是尽孝。我主动关心哥哥嫂子们，哥哥嫂子们也主动关心我，我们敞开心扉，有事一起商量，有困难一起解决，彼此的关系不再别别扭扭，而是和和睦睦。公婆看我们这样，喜在心里，笑在脸上。这真像《弟子规》里说的："兄道友，弟道恭，兄弟睦，孝在中。"我这才发现，原来不是哥哥嫂子们对我不好，而是我自己心胸狭隘；更不是公婆偏心，而是我不体谅父母的心。俗话说："天下最真父母心。"现在我常想：公婆是20世纪40年代出生的人。老两口含辛茹苦养大了九个孩子，为了儿女，他们辛苦了一辈子。那个年代，养育九个孩子，过的是怎样的生活呀！我还有什么理由不去善待他们、孝敬他们呢？

转眼我参加志愿服务20多年了。这些年，我在参加志愿服务活动的过程中，不但体会到了奉献的快乐，也在团队成员的大爱无私中，在被帮助的孤寡老人期待与渴望的目光中，挖掘了内心深处的善良和大爱。我常想："《三字经》中说'人之初，性本善'，哪有那么多的是是非非呀，都是因为狭隘、贪婪、自私造成的。"于是，我在待人处世中，努力做到严于律己，宽以待人，乐于奉献。

思想上的转变使我变得活泼开朗起来,我参加了王家村文化大院的小剧团。闲暇时和村里的年轻媳妇们一起编排文艺节目。有客人来我们村参观时,我和大家一起给他们表演节目,介绍我们村屯的变化,讲述自己的亲身经历和体会。蓦然回首时发现,我参与志愿服务活动后,也习惯和人沟通了,人多时也敢说话了,不良的习气和错误的思想也在不知不觉间全都改变了。实话实说吧,我们表演的节目中,有一些还是我自己编写和导演的呢!我现在虽然50多岁了,但依然可以登台表演舞蹈、小品,而且还经常主持节目呢!我主持节目时,从来不用主持稿。不管哪里来的参观团,不管哪个层次的干部群众,我都能给他们讲解。我这绝不是炫耀,而是让大家看看我这样一个原来性格内向、被人们认为是哑巴的普通农村妇女的蜕变。我的蜕变,要感恩志愿服务这个大平台,是这个大平台给了我锻炼和表现的机会,使我的人生发生了连我自己都吃惊的逆转!

现在,外婆和公婆已经相继过世了,我的三个孩子已经长大成人。因为我通过学习孝悌忠信礼义廉耻和父子有亲、夫妇有别、长幼有序等传统美德,知道怎样正确地教育孩子,怎样与孩子交流,所以三个孩子都非常懂事,都没有"叛逆期"。也可能是老天善待我吧!大女儿大学毕业参加了工作,女婿是硕士研究生。二女儿在读大学,小儿子也上高二了。邻居和朋友们都很羡慕我的家庭,都夸3个孩子懂事孝顺,都说我有才华。其实,我就是用心学习中华传统文化并用之于生活,从孝老爱亲开始去施行,能做什么就做点什么。

以上说的是我自身的变化。在我们王家村,和睦幸福的家庭很多很多,因为中华优秀传统文化教育在这个村已经进行了20多年。在老祖宗留下的传统美德的熏陶下,我们王家人懂规矩、懂尽孝、懂感恩、懂奉献,形成了"人人为我,我为人人"的小环境。这不是什么大道理、高境界,而是最普通最平凡的我们应尽的责任和义务。这些,我们不但落实到行动上,做出了实事儿,而且也都各有收获了。

回顾自己20多年的人生经历,我深刻地感受到:人们所向往的幸福生活虽然各不相同,但家庭和睦是人人都祈盼的。要想家庭和睦,家庭成员必须做到父慈子孝、夫义妇德、长幼有序、敦伦尽分。

20多年的志愿服务经历使我还认识到:自己的心胸宽了,格局大了,眼里的美好自然而然就多了。当你放下自私自利,处处为他人着想时,你的生活就

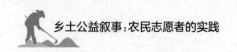

会变得顺风顺水。正如古人说的，"已所不欲，勿施于人""善待他人即是善待自己"。

希望看到我的转变的朋友们，都能吸取我的人生经验，创造属于自己的幸福生活！

最后，我送给大家一段话：拥有一颗知足感恩的心，善待生活中的每一个遇见，让世界因我的转变，少一点阴暗，多一缕阳光。

参与志愿服务，绽放人生光彩

讲述者：林亚坤[1]

"如果你是一滴水，你是否滋润了一寸土地？如果你是一线阳光，你是否照亮了一分黑暗？"这是《雷锋日记》中的一段经典独白，也是我最喜欢的一段话。

我叫林亚坤，家住扶余市弓棚子镇镇山村。我出生在一个普通农民家庭，一直在偏僻的乡村生活，养成了孤僻内向、不爱交际的性格。我父母的兄弟姐妹很多。我的爷爷奶奶去世很早，我的叔叔、姑姑都是我父亲帮着成家的。我的父母照顾他们的兄弟姐妹，不计钱财，不计得失，不怕操心，不怕吃苦。这些，我从小就看在眼里，记在心上。"百善孝为先""兄道友，弟道恭"的思想也潜移默化地深深扎根在我的心里。17岁初中毕业后，我想着父母身体不好，以种地为生，供养我和弟弟、妹妹三个人上学太困难，就主动辍学，在家帮助父母种地，让弟弟、妹妹好好学习，用知识改变命运。

我辍学时，又瘦又小，体重不足45公斤。虽然瘦小，当时也成为家中的主要劳动力，和父母一起春种秋收。农闲时洗衣、做饭、洒扫庭除，家里家外忙碌不停。那时候父母经常外出参加一些公益活动，帮助别人春种秋收，修桥铺路，修补房舍。之后，他们又带着村里的一些人清理垃圾、植树栽花、硬化街道、安装路灯，努力改善村里的环境。当时小小年纪的我，不理解父母为什么每天都这么忙，做这些都是为什么！随着年龄的增长，我慢慢懂得了，我的父母和其他同样奉献着的人们这样做，是因为他们有一个同样的梦想，就是改变农村千百年来粗鄙落后的习俗，改变农村脏乱不堪的面貌，改善村民的生产生活环境。他们的所作所为是非常有意义有价值的，是有利于子孙后代的伟大事业。我非常敬佩他们，也非常羡慕他们。于是在2002年春天，年仅20岁的我，也跟随父母的脚步加入志愿服务队伍，成为一名光荣的志愿者，和村中的志愿者一起建

---

① 林亚坤，扶余市精神文明志愿者协会宣传科科长。

设家乡，打造"美丽乡村"；积极参加邻里守望活动，定期慰问社会福利院和贫困户。

在多年的志愿服务工作中，通过不断的学习和实践，我不但端正了自己的人生观和价值观，也找到了实现自己人生价值的舞台。协会名誉会长董桂芬常常和我们这些青年志愿者说："青年人要有梦想，不要甘于平庸。生逢盛世，青年当有为，有为才有位。你们应当勇于担当时代使命。"在领导的鼓励下，我就像干涸已久的沙漠，拼命地吸收水分和营养，根据自己的爱好学习了写作、摄像、编辑、解说、接待等工作，不断在实践中淬炼成长。平凡的我，在志愿服务工作中找到了自信和舞台，生命也因此多彩起来。

2011年，扶余市精神文明志愿者协会正式成立，我担任镇山村报道员和摄像员工作。担任这项工作后，我积极学习各项知识，对工作认真负责，凡是交到我手里的工作都尽职尽责、保质保量地完成任务。

2017年，随着志愿服务工作的发展，精神文明志愿者协会的工作形式不断变化，内容不断增加。为了带动引导更多的人参与志愿服务工作，协会领导顺应迅速发展变化的信息传递方式，先是创办网站"精神文明志愿者网"，接着又创办了"扶余市精神文明志愿者"微信公众号，以图片新闻等形式撰写、编辑、发布志愿者日常服务活动。我有幸担任微信公众号编辑，负责协会公众号的编辑管理工作。2018年，协会召开第二届理事扩大会，我有幸当选为常务理事，并被协会任命为宣传科科长。

我担任宣传科科长，至今已有5年多时间。在负责对内对外的宣传工作中，我的表达能力、写作能力、组织协调能力等，都有了非常大的提高。原本只想做家庭妇女、只能相夫教子的我，一个普通而平凡的农村女青年，因为有了志愿服务这个平台，人生开启了全新的精彩华章。我不但走出家门，采访编写志愿者的各种志愿服务活动和事迹，还面向来自社会各界的参观考察团体，介绍自己的家乡，介绍自己的团队，讲述志愿者的故事。

有位哲人说，干劲、闯劲和钻劲是寻梦、追梦的基石。经过多年的努力，我和我的团队得到了扶余市委、市政府领导和社会各界干部群众的认可和肯定。2022年7月8日，我荣幸地被扶余市委宣传部推荐参加"全省学习落实第十二次党代会精神理论宣讲骨干培训班"和"百姓名嘴宣讲员"培训活动，得以现场聆听党代会精神宣讲，观看多彩吉林的未来蓝图。同时以"百姓宣讲员"身份，在培训班上试讲,传达会议精神,汇报扶余志愿服务情况,宣传向上向善的正能量。当时,我非常兴奋,也非常激动,深刻感受到生逢盛世,青年当有所为的责任和使命,为乡村振兴添砖加瓦是我今生最幸福的事。

多年的志愿服务实践使我深切体会到,志愿服务是我们每个人体现人生意义和自身价值的不可多得的大平台。是这个大平台锻炼了我,提高了我。如果不参加志愿服务团队,没有志愿服务这个大平台,我不可能有今天这样的素质和能力,更不会有今天这份殊荣。我将怀着对志愿服务的挚爱,在志愿服务这个大平台上,继续发愤图强,用心耕耘,努力绽放属于自己的奋斗之光。

做好人，亲人快乐众人敬

讲述者：刘耀山①

我叫刘耀山，家住弓棚子镇南岭屯。我现在是一名精神文明志愿者，带头传播精神文明，可是在 1994 年前，我却是一个很难管教的人，谁也管不了我。我讲几件事儿给你听。

1991 年，我在村里开了个小卖店，小卖店的房子占了主街路的面积。那年正赶上县里开展村庄整治，乡上让我拆掉小卖店。乡长找我做了三次工作，我就是不同意。后来乡长又找我的直系亲属做工作，我还是不同意，说啥也不把小卖店拆掉。乡领导拿我也没办法。

那时候我开小卖店，在村中是欺行霸市。村中要是有人卖东西，凡是我小卖店有的，我是不允许他们在屯里卖的。有人来搞批发，我更不允许。记得有一次，京城村的乔玉琢来我们屯卖菜。他常给我小卖店送食品。他到我的小卖店门口就站下了。我那天酒没少喝，一看他来卖菜，就说："我这小卖店就卖菜，你怎么还到我店门口来卖菜呢？"不由他分说，我上去就要打他，吓得他开车就跑。

我原来还很能喝酒。只要端起酒杯，不管有啥忙活、忙事，不喝个七八两②不撂杯。要是有外人，喝激动了，别说是七八两，就是一斤③多，都能喝下去。记得有一次，我中午喝酒，喝到七八两的时候，有一个收鹅毛的人进了我的店。他说饿了，想买点食品吃。我说："你收鹅毛，挣钱挺容易的，你还吃啥呀，你就喝点儿呗！"收鹅毛的说："喝点儿就喝点儿呗！"我就和他喝上了。喝着喝着，也不知为什么，我们俩就打起来了。我把收鹅毛的一顿揍，把他的手表都打丢了，把小卖店窗户上的玻璃也全都砸碎了。

---

① 刘耀山，扶余市精神文明志愿者协会副秘书长，弓棚子镇南岭志愿者分会会长。
② 1 两＝50 克。
③ 1 斤＝500 克。

　　我原来做事还特别损。有一年,我家的玉米因保管不当生虫子捂了,迟迟卖不出去。这时,村里来了一个收粮的人。那天我在别人家喝完酒回来,一看有一份收粮的,就凑过去了。我嘴里叼着烟,顺手把收粮人的大秤拿过来。我装着看秤,偷偷地把烟头塞到秤枰子里。这时有一个人来卖粮,我等到收粮的人给他称粮,一下把秤杆子拽过来,并诬陷卖粮的。我说:"你这秤不准呐!这秤枰子里怎么还有烟头? 你拿这样的秤出来收粮,这不是坑人吗!"我一边说,一边扛着大秤往家走。卖粮的跟到我家,向我要秤。我说:"没那么容易。你看看我外屋的粮,你要给我收了,咱们啥说没有。如果不给我收了,别说要秤,四轮车你都开不走。"那两个收粮的用探子一扎我这粮,说:"你这粮我们不能要。"我说:"你要也得要,不要也得要。别说你赔,也别说你挣,我这粮就得卖给你。你要不收,我就到县技术监督局告你秤不准。"两个收粮的人很无奈,含着眼泪把我这点儿粮收走了。你说我这么做多损!

　　我不学好,直接影响到了我的孩子。我儿子十一二岁就敢打十五六岁的孩子。隔个三五天,不是老师找我,就是学生家长找我。那时,我儿子在学校不但自己不学习,还影响他周边的学生也不学习。毁坏学校的桌椅板凳那是常事。我这身体也一天不如一天,患上了严重的肝炎,每天药不离身。家里的日子是每况愈下,妻子还要和我离婚。我当时被弄得焦头烂额。

　　1997年,我侄子结婚。经常利用谁家孩子结婚的机会搞道德宣讲的刘佩文和张利两位老师到我哥家去宣讲。当时我也在场,抱着看热闹的心理,也跟着听听。就这么一听,我的心灵受到了极大的震动。两位老师讲怎么样做父母、做儿女、做丈夫、做妻子、做媳妇;讲为什么要做个好人,怎么做才算是个好人。讲得是真好啊!我至今还记得两位老师说:"一个男人,是好人是坏人,首先影响的是家庭,影响的是父母、妻子、儿女。你要是个好人,你的父母省心,你的妻子舒心? 你的孩子照你学,也能是个好人。你要不学好,你的父母整天为你担忧,就不省心。你要不走正道,你的妻子整天担惊受怕,提心吊胆,怎么能舒心? 你的孩子在你的不良影响下,能好到哪去! 一个人要不学好,不做好人,使自己的家庭乃至家族没落了,那活得还有什么意义?"二位老师还说:"要想做一个真正的好人,首先得去掉不良的嗜好。这样你才刚刚摸到一个好人的边。"我一听,觉得说得有道理。说实话,从小到大,我头一回听到这样的话,觉得没听够。于是我就接近张利老师,他到哪里讲课,我就跟到哪里去听。他家离我家得有 25 公里远。那时交通不方便，张老师有时候骑自行车来，有时候走着来。有时候就在我家住下，一讲讲到半夜十二点甚至一两点钟。张老师对我说："耀山，你要是不喝酒，你们夫妻俩能老吵架吗？你的身体能这样吗？你现在喝得胃也不行了，肝也不行了。你酒后还无德，谁都打，谁都骂，又赌又嫖。这样下去，遭罪的日子在后边。俗话说：赌博酗酒，失时丧志，损家败德，人皆耻之。人这一生，好也是活，赖也是活。你为什么非得胡作非为，让老人不省心，让妻子担心，自己一天到晚心情不好呢？咋就不好好活着，做个堂堂正正的好人，为家庭、为社会做点儿好事，让人们都佩服呢？"在张老师的耐心劝导下，我醒悟了！我决心重新做人，做个好人，做个对家庭、对社会有益的人。于是，我把坏习气一次性全都改掉，20 年来，一次没再犯过。

我学好后，我们家当时就变样了。不打架了，也不骂人了，妻子成了好妻子，孩子也成了好孩子，我们家也成了亲戚朋友羡慕的好家庭了。尤其是我们家族，那哥几个和妯娌几个，特别羡慕我们家，都说"李玉波（我妻子）现在是真省心了"。

我听张老师讲"孝悌忠信礼义廉耻"这"八德"，再也不做坑蒙拐骗偷的事了。1996 年冬天，我往拉林粮库送粮，当时是用小马车送的。这一小马车只能拉十七八包，多了拉不了。到粮库一开票，给我开了两车兑换证，多开了一车。当时票子都开出来揣在我兜里了。这时我想起"孝悌忠信"里的"忠"，主要是忠于国家。我想，我要是要了多开的钱，就等于多拿了国家的钱，这就是对国家不忠，就是偷国家的钱，这个钱我不能要。于是我找到粮库业务室。当时门上挂着"闲人免进"的牌子。我一敲门，里面的人就问："干啥？"我说："我给你们送支粮款的票子来了。"这时里面的人把门推开了，问我："你什么意思？"我说："我送一车粮，给我开了两车粮的兑换证。我要是换成钱呢，我这一车粮可以换两车粮的钱，但是我不能要两车粮的钱。"当时屋里有个人认识我，那个人惊喜地说："你是南岭屯刘耀山吧？哎呀！没想到你现在变得这么好！"说心里话，没接受道德教育以前，这到嘴的肥肉，我说啥也不能往出吐。道德教育这股力量是真大呀！

还有一件事。那是 1997 年的正月十六，我们屯蔡成友的母亲找我帮她借1 000 元钱。当时我就到亲属家给她借了 1 000 元钱。过了一段时间，她连本带利给我送来 2 200 元钱。我想，她当初借的是 1 000 元钱，加上利息，顶多是

1 100 元钱,她可能是记错了,但我又怕是我记错了。我就说:"老婶子,你先把钱给我,我去核对一下,然后给你回话。"我到亲属家一核对,借的是 1 000 元钱。我把本和息还给借款人,其余的钱退给了蔡成友的母亲。说实话,这要是我不学好的时候,这笔钱我肯定自己揣起来了。当我把这笔钱送回去的时候,蔡成友的母亲攥着我的手说:"耀山啊,你这个人咋变得这么好啊!"

我立志做好人之后,经常和志愿者一起参加公益劳动,帮助一些村庄修路安灯。看到王家、双胜、新红等村庄环境建设得非常好,特别羡慕。再看看我们村,到处都是垃圾、粪堆,心里很不是滋味。我就想,南岭村 200 来户人家,800 多口人,大家整天生活在这个环境里,影响健康。我应该把村当成自己的家,带头把环境卫生搞好,给村里人营造一个整洁的公共生活空间。基于这种思想,我第一个拿起扫帚扫街。接着带头捐款在村头立迎宾门,挂宣传牌。刚开始,志愿者少,捐款不多。我们就自己动手,用木头制作迎宾门,用纸糊宣传牌,然后用墨汁写字画画。后来志愿者多了,捐款也多了,我们就焊制了铁艺迎宾门,在主街立上了铁杆路灯,挂上了铁质宣传牌。接着,我们又开始植树、栽花,还在村口修了两个大花坛。2021 年秋天,我们志愿者又捐款买料,焊制了 17 道过街彩门,立在主街上,还挂上了硬塑大红灯笼串。同时把铁杆地埋线路灯更新成太阳能路灯。在我们的精心打造下,村庄变得越来越整洁美观。

50 多年的人生,我尝到了做坏人的痛苦,也体会到了做好人的快乐。我以前没学好,到哪儿去喝酒,都没人愿意和我坐一张桌。因为我一喝就多,在酒桌上还好闹事打人。那时候也没人愿意和我共事。因为我这个人投机耍滑,做事不吃亏,谁的便宜都敢占。那时候,家人和亲属不愿理会我,外边的人怕我躲我。自从我带头维护屯内环境卫生,带头建设美丽村庄,人们对我刮目相看,对我也特别尊敬和信任。由此我体悟到:人活一世几十年,好人坏人两重天。做好人,亲人快乐众人敬;做坏人,亲人痛苦众人憎。

我从一个赌徒到志愿者的变化和体会

讲述者：汤连春①

我叫汤连春，家住弓棚子镇京城村杨家崴子屯，是杨家崴子精神文明志愿者分会会长。下面，我把我由赌徒到精神文明志愿者的转变过程和感悟，与大家分享一下。

我有两个姐姐，一个妹妹，现在都成家了。我和父母在一起生活。因为我是家里的独子，所以父母特别宠爱我。我很小的时候，家里就什么事都依着我。我要啥，尽量满足我。要是没钱，借钱也给买。父母这么惯着我，就把我惯坏了。我17岁就开始抽烟，后来就赌博。我开始时玩儿小的，一把一角两角的，一点儿一点儿由小引大，越玩儿胆儿越大，越玩儿"码"也越大。我每年从腊月一直玩到第二年种地时，种完地接着赌。最后我赌得家都不顾了。地整个儿扔给父亲种，母亲有病我也不管，孩子我更不闻不问。

那时候我也不讲道德，也不懂什么是道德。做事自私自利，总想占便宜、巧来钱。卖面掺假糊弄人家，收粮食往里掺土。反正不管使啥招，只要把钱糊弄到自己手就行，根本不管别人啥样。那时候我还乐于闹事。村里有打架斗殴的，我就往跟前凑。我不说好话，尽出坏主意、馊主意，挑拨他们往大里打，然后我看热闹。30岁之前，我就是那个样子。

后来有幸遇到张利和刘佩文两位老师，他俩给我们讲"传统美德"，告诉我们做人要讲道德，要做好事，做善事。他们讲得挺多，我印象最深的就是孝道。他们说："做儿女的，要讲究孝道，这是做人的本分，也是儿女的责任和义务。孝道分三个层次。一是孝身。要关心父母的身体，让父母吃好喝好。父母有病，要精心照顾。二是孝心。不要惹父母生气。做事要让父母省心、顺心、舒心。三是孝志。就是要满足父母的意愿和志趣。父母有什么愿望和要求，只要是合

---

① 汤连春，扶余市精神文明志愿者协会弓棚子镇杨家崴子志愿者分会会长。

理的,要尽力满足。"他们还举很多例子,其中说到赌博。他们说:"一个人要是不务正业,整天赌博,这是最让父母操心的。有的人不干活、不管家,整天泡在赌场上;有的人因为赌博,债台高筑,妻离子散,你说父母那心里能好受吗?父母辛辛苦苦把你养大,你不回报父母的养育之恩,却去赌博,这是大不孝啊!"他们还说:"赌博酗酒,失时丧志,损家败德,人皆耻之。一个人要是赌博,人们都瞧不起他,他的家也会逐渐地衰败。"他们还举了很多因赌博倾家荡产、妻离子散的例子。这些话简直就是专说给我听的。听了这些话,我这心里翻江倒海。想想自己的所作所为,完全违背孝道。想想从小到大父母对我的关爱,想想我赌博给父母带来的痛苦,我这心里就像倒上了辣椒油,热辣辣地难受。我一琢磨,二位老师讲得确实有道理,真是这么回事。我要再这么赌下去,对不起生我养我疼我的父母,对不起妻子和孩子,我本人这辈子也白活了。我这是在作孽呀!我一下子醒悟了。我跟我妻子说:"我要学好,做个好人。"我妻子说:"要学好,你不能光嘴上说,你得改你的毛病。你要是不真真正正地去改自己的毛病,谁也帮不了你。"我说:"我必须改,改掉我这些恶习。"我说到做到,从那天开始,我再没进赌场,一下子把我吃喝赌的恶习全部戒掉了。

我学好后,不但不赌博了,而且还向志愿者学习,带头改变屯里的环境。我带头栽松树、铺砖路、栽鲜花,还买了一些扫帚,天天带头义务扫街。一些人看我做这些事挺好,就跟我一起干,越干人越多,我们就成立了精神文明志愿者分会。村里邻居看我们把屯子收拾得挺干净,就在背后说:"还是汤连春他们这些人好啊!咱们村让这些人一打扫,多干净,苍蝇都少了。你看这花开得彤红,多好!"这些话传到志愿者的耳朵,大家都挺受鼓舞,就和我说:"别人都在背后说咱们好,咱们更得好好干呐!"

我们村南边有个山坡子,村里人以及周边村庄的人去镇上办事或往粮库送粮,都要路过那里。这段路原来因为没人扫,冬天特别滑。车走到这刹不住,就跟放箭似的往下溜,每年都发生人身伤亡的事故。为了杜绝这样的悲剧,我们开始扫山坡路,到现在扫了有 20 年。不管冬天还是夏天,一年 365 天,天天都去扫。下雪时,我们就用攒粮食的大板锨推,有时一天都推五六遍。无论冬夏,我们早晨三点半就起来扫。冬腊月的时候,早晨三点半钟,外边黢黑黢黑的,特别冷。我们把棉帽子系上带,戴上口罩和大厚手套,从大桥一直扫到山坡子,得有 1200 多米。每回扫完山坡子,这帽子都不敢摘,里边全是汗。衣服被汗水和哈气都渗透了，从肩膀到后背，冻得特别硬。赶上雨夹雪，山坡子上那段路结上一层冰，特别滑。为了防滑，我们就到附近的砖厂拉砖面子垫路。这段山坡路从我们连扫带垫之后，一次伤人的事故都没出过。冬季的雪天，一些人给我打电话，问："山坡子扫没扫完？"我说："扫完了。"他们又问："车拉五六千斤粮能不能上去？"我说："能，来吧！"因为咱们心里有把握。山上那个砖厂，砖面子我们随便用。砖厂厂长杨森对我说："你不用问。只要你们垫山坡，怎么用都行。"我们垫道要拉砖头，他说："你们拉点整块砖去垫吧！"还说："你们再干什么，不用给我打电话。你们做这些公益事，我们全佩服。我们不能干，但我们支持你们干。"真是"德不孤，必有邻"，做好事大家都支持。

我习惯了做这些事，也愿意做。我们的身体也都挺好。冬天很多人感冒，我们起大早扫街、扫山坡，却不感冒。有人说："你们这些人怎么这么皮实呢！"我说："你们没锻炼呐！早上的空气好，我们去扫街，好空气都让我们吸收了。原来和我一起赌钱的同龄人，现在好多人都有病了。有的心脏不好，有的半身不遂，有的都没了。幸亏我醒悟得早，戒掉吃喝赌恶习，做这些利国利民的事。不然，我这身体肯定也不能好！现在想起来，乐呀！有时我也劝那些爱赌博的人，我说："你们别赌了！一年输八九千元，着急又上火，害人又害己，这是何苦！把你们的钱，不用拿八九千元，拿出八九百元，咱们修修路，安安灯，做点儿公益事业，利己又利民，多好！"

在此，我也奉劝所有热衷于赌博的人：别赌了，戒掉吧！别再做这愚昧的事了。你看我现在啥样？我不赌了，不输那些钱，拿到社会上，做这些公益事业，不但身体好，家庭也好。现在我家父母省心，妻子安心，孩子孝心，家里特别温馨，这多好啊！

好人坏人，天壤之别

讲述者：刘恒发①

我叫刘恒发，家住更新乡伯小铺屯，是一名精神文明志愿者。我义务维护村里的环境卫生，积极参与植树栽花、铺路安灯等各项公益活动，至今已坚持20多年。做这些工作，我既出力，又出钱，没有任何报酬，但我无怨无悔，而且越做越爱做，越做越高兴。很多人看我现在这样，都感到惊讶，说我和以前相比，判若两人。

提起我的过去，有一段非常不光彩的历史，那是2000年前的事。那时候，我因品行不正出了名，附近村里的人都认识我。我在家排行老三，长得又高又壮，大伙都叫我"大刘三子"。在我的诸多恶习中，打架是我的强项。当年我一个人，就把我们村闹得鸡犬不宁。我心狠手辣，打人出名，大家都怕我，就连附近村庄的人都不敢惹我。因为臭名在外，我侄子找对象都受影响。女方一听说是我侄子，"哎呀"一声，说："大刘三子的侄子，快拉倒吧！"

正当我闹得特别凶的时候，张利和刘佩文两位乡贤到我们屯子来讲道德课，我被家里人硬拉着去听课。二位乡贤讲的是"五伦八德"。他们说：五伦关系第一伦是父子，父子有亲，要做到父慈子孝；第二伦是夫妇，夫妇有别，要做到夫义妇德；第三伦是长幼，长幼有序，要做到兄友弟恭；第四伦是君臣，君臣有义，要做到君仁臣忠；第五伦是朋友，朋友有信，要做到朋诚友信。"八德"是"孝悌忠信礼义廉耻"。二位乡贤告诉我们要按照"伦常道德"去做人做事。他们说："车有车道，船有航道，宇宙中的日月星辰都有自己的运行轨道。同样，我们人也有自己的人道。人道就是'五伦''八德'，这是秩序，是规矩，也是规律，是做人的基础和根本。俗话说'人无伦外之人'。我们每个人在自己的人生中，都要在五伦关系中扮演一定的角色。每个角色都有一定的责任和义务，都要遵循

---

① 刘恒发，扶余市更新乡伯小铺志愿者分会志愿者。

一定的道义和准则。这是我们的老祖宗在漫长的生活实践中总结出来的规律。一个人，如果扮演好'五伦'之中的每个角色，履行好每个角色所承担的责任和义务，遵循做人特定的道义和准则，人生就顺利，就幸福。反之，他的人生就不顺利，不幸福。每个人都遵守这些秩序和规律，恪守做人的基础和根本，家庭才能和睦，社会才能和谐，国家才能稳定。不遵守伦常道德的人，不仅给社会带来危害，还会给自己和家庭带来灾难。尤其对子孙后代危害最大。"他们还列举了很多违背伦常害人害己的事实，有些就发生在我们身边，使我的心灵受到震颤。

回到家里，我细细回味道德课上的话，觉得句句说得在理。再看看我的所作所为，完全违背伦常道德。因为我违背伦常，不仅搅得村里不得安宁，我本人和家庭也都出现了不好的征兆。我那时晚上睡觉都不敢脱衣服。一听警车叫，我就赶紧东躲西藏。身体也不好了，患上了严重的肝炎。我母亲因为我担惊受怕，经常生病。妻子要跟我离婚。家里被我闹得一团糟。这使我深刻地认识到我不做好人，不干好事，不仅给社会带来危害，也给自己和家庭带来了灾难。我再这么胡闹下去，就会妻离子散，家道衰败。我这是自己给自己挖陷阱，一步一步往悬崖边上走。如果再不悬崖勒马，等待我的将是病痛和牢狱之灾。因此，我醒悟了，决心改邪归正，重新做人，做个合格的人，做个好人。

决心下定后，我把打架斗殴偷窃这些劣习全部戒掉。我立志在家里力行孝悌之道。我主动赡养父母。我母亲70岁时胯骨摔成粉碎性骨折，瘫痪在炕上，我和妻子昼夜守护，为母亲煎汤熬药，一直到她老人家去世。我不再和妻子吵架，主动关心、爱护妻子，帮助她做家务。我的兄弟家有什么活需要我帮助做，有什么事需要我帮助处理，我全力以赴，该出钱出钱，该出物出物，该出力出力。

后来，刘佩文和张利两位乡贤引导我们建设村庄。他们说："咱们这些村环境又脏又乱。咱们不能等着国家给钱，靠着外力支援，应该自己动手改变环境。只要一家出一点儿钱，一人出一点儿力，一年改造一点儿，慢慢就把村子改造好了。给村里营造好环境，自己住着也舒心。"我觉得他们说的话有道理，就加入了精神文明志愿者队伍，积极参加改善村庄环境的义务劳动。我和本村的志愿者一起主动捐款，义务出工，为村里扫街、修路、植树、栽花、安路灯、制宣传牌、立迎宾门。不论干什么，我都发挥骨干作用。我们村铺上砖路后，为了保护砖路，我自己义务出车拉了10多车沙子填砖缝。我们自己动手焊制灯杆，自己制作宣传牌。当时正值炎热的八月，我们被火热的太阳烤着，被四射的焊花烫着，手上和脸上都结了厚厚的一层老茧。在立铁艺迎宾门时，资金不太充足，我不但积极捐款，而且主动找亲属赞助。认识我的人都说："没想到大刘三子变得这么好！"

我的转变不仅使得自己的身体好了，家庭也发生了很大变化。我和妻子不再吵架，妻子和我一起参加各项志愿服务活动。我的儿子安分守己，娶到了一位贤惠善良的媳妇。我们家现在三世同堂，和睦和乐，亲戚朋友都挺羡慕。我家的日子也比从前好。2015年，我还买了一辆新轿车。现在，村里人都改变了对我的看法。大家都尊重我，家里闹矛盾，还找我去调解。

我的人生经历证明，好人坏人，天壤之别。做坏人，就像过街的老鼠，人人喊打；做好人，就像花园里的鲜花，人人喜欢。我决心在今后的日子里，大力弘扬中华优秀传统美德，积极参与志愿服务，为家乡的整洁、文明、优美，为社会的安宁、和谐、稳定，多做贡献！

攒钱不如攒德

讲述者:赵娟[1]

我叫赵娟,是弓棚子镇农场村的一名精神文明志愿者。下面,我就与大家分享一下我的思想转化过程。

我这个人原来视钱如命,非常的吝啬。在钱上,跟自己的亲生父母也斤斤计较,外人就更不用说了。记得我订婚时,婆家给了我几千元彩礼钱,我全都贷出去赚利息。记得有一次我姑家表姐借我钱,她知道我小心眼,以钱为重,就找我父亲讲情,说少给点利息,我说啥也没答应。那时为了钱,我六亲不认,我父亲讲情都不好使,气得表姐哭着走了。那时候的我,把钱看得比亲情还重。

按照我们当地的习俗,姑娘结婚时,得给父母钱。我们姐妹六人,我是最小的。姐姐们结婚时,都给父母200元钱。按照这个标准,我结婚也得给200元钱。当时我不想给父母那么多钱,就算计着如何少给。我算来算去,结果钱还给多了。当时心疼得我大哭了一场。那时的我,把钱看得比父母都重要,太不讲良心了!

我不会做姑娘,到婆家更不会做媳妇。我丈夫他们哥六个,我们是最小的。因为兄弟多,一个接一个地结婚,所以婆家很困难,遇事总是东挪西借。我把自己的钱攥得紧紧的,不管公婆怎么困难,也不把自己的钱往外拿。我就是这么不近人情。

因为我丈夫兄弟多,所以孩子也多。我们都在一个村住着,哥哥嫂子去干活,孩子就都送到我家,让婆婆照看。对这事我特别反感。心想:"这么多孩子都上我家来闹腾,真烦人!"婆婆要是给他们吃的喝的,我就特别生气。婆婆知道我讨厌孩子们来我家,所以做事格外小心。记得有一次,我早上烙了一盆发面饼搁在那,准备中午干完活回来吃。哥哥嫂子家的小孩儿看见饼,就想吃,他

---

[1] 赵娟,扶余市弓棚子镇农场志愿者分会志愿者。

们都喊"饿了"。婆婆担心给他们吃饼我回来生气,就领着孩子们在大街上走来走去,一直走到中午,等哥嫂们回来了,赶紧让他们各回各的家。那时的我,根本不体会老人的心。就知道攒钱,就知道自己占便宜,谁都不放到心上,自私自利到极点!因为我自私到不近人情,所以哥哥嫂子们都不搭理我,我和他们的关系非常紧张。我嗜钱如命,非常吝啬,我的孩子却很大方,非常能花钱。我不给他钱,他就在外边借钱挥霍。

1998年,我认识了南岭村的刘曜山夫妇,他们有两位乡贤带领大家开展志愿活动,还经常在附近村子讲道德课,讲得可好了。在他们的引领下,我也慕名去听课。从此,我的人生观有了很大的改变。刘佩文老师和张利老师给大伙讲圣贤文化,讲得最多的就是"人伦道德"。他们联系农村身边的案例告诉我们要遵守人伦道德,要忠于国家,孝老爱亲,和睦邻里。还让我们美化自己的家乡。他们讲得可好了,我越听越爱听。记得老师给我们讲:"有德此有人,有人此有土,有土此有财。德者,本也,财者,末也。"告诉我们:"财聚人散,财散人聚,这是规律。"还告诉我们:"不要攒钱,要攒德。不要把钱看得太重,更不要千方百计地捞取不义之财。一个人如果心眼儿小,心术不正,靠占便宜攒钱财,靠不正当手段捞取钱财,这个钱财留不住,多半都让子孙给挥霍出去。"又说:"有人手里有钱往外出贷,利息要得特别高,这是雪上加霜。借钱的人本来就没钱,你再要那么高的利息,这不是要人家的命吗?有钱的人应当帮助那些没钱的人,这是攒德。"

听了两位老师的话,反思自己的所作所为,我幡然醒悟。我视钱如命,只认钱不认人,把钱看得比爹妈还重要,最后弄得亲戚朋友都远离我。这就是我不讲道德感召来的恶果,正应了"财聚人散""货悖入亦悖出"的老话。我明白道理以后,痛改前非。从那以后,有人找我贷钱,我就把钱借给他,不要利息。哥哥嫂子们的孩子来我家,我不再嫌弃。赶上饭时就让他们吃饭。家里有啥,他们要是需要,尽管拿。现在,我们相处得非常和睦。我和哥哥嫂子们关系好,公婆看在眼里,乐在心上。正如《弟子规》中说的:"财物轻,怨何生。兄弟睦,孝在中。"

我还加入了我们村的精神文明志愿者队伍,和大家一起从事志愿服务。我们每天都起早扫大街。原来的大街垃圾成堆,我们义务出车出人,把垃圾清理出去。然后又捐款建起了迎宾门,还在街道两边栽上了松树和鲜花。每逢年

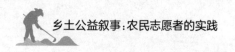

节，我们还捐款捐物，一起到镇社会福利院去慰问老人，给他们送去豆包、饺子、水果等。参与这些公益活动，我非常高兴，觉得活得特别有意义。

我改掉了嗜钱如命的坏毛病，我的孩子也不挥霍了。他也和我一道参加村里的志愿服务活动，而且处处走在前面。看到孩子这样，我格外高兴。今后，我要继续学习传统美德，努力从事志愿服务工作，争取为社会、为他人多做贡献，也为孩子做个好的榜样。

不懂伦理真可怕

讲述者：赵淑娟[1]

我叫赵淑娟，家住陶赖昭镇西三家子村。我出生在一个普通的农民家庭。小时候，家里生活特别困难，我妈为了能让我吃上苹果，就搓草绳卖。现在的孩子不知道，在 40 年前，每天能吃上一个苹果，那是件很奢侈的事。那个时候，我妈每天搓草绳搓到半夜，一个冬天才能攒 50 元钱。这点儿钱，都给我买苹果吃了。我一天天长大，到了上学的年龄，我妈每天起早做饭，然后帮我整理书包，装好饭盒，照顾得无微不至。随着年龄的增长，我不但不感恩妈妈，事儿还多了起来。看同学吃好的穿好的我就要，从来没想到父母把我拉扯大有多么不容易，从来没想过父母赚钱有多么辛苦，更没有想过如何报答父母的养育之恩。总以为父母为我们做什么都是应该应分的。有时还想："既然你生我，就得养我，我要什么就得给我什么。"

我弟弟比我小两岁。在和弟弟的相处中，我没有做到《弟子规》中说的"兄道友，弟道恭"。不论做什么，都和弟弟争争抢抢，反倒是弟弟经常让着我。上学我也不好好上，高兴了就去，不高兴就逃学，和村里不上学的孩子去爬树、抓鱼。因为逃学，有一次妈妈狠狠地揍了我一顿。当时我特别恨妈妈，心想："我怎么这么倒霉，有你这样的妈妈。"根本不理解妈妈这么做，是为了让我好好学习文化知识，将来有好的发展。到了 14 岁，我就不上学了。爸妈怎么劝，我都不去学校，整天在家臭美。看见别人买好衣服就要，不给买就作，作也不给买就用离家出走要挟爸妈。有时候把我爸气得胃疼，一天都不吃饭。那时候，我没有给父母带来欢乐和喜悦，净给他们添堵，我们这个家被我无休止的索要搅得鸡犬不宁。现在想想，我那时是多么的不懂事，多么地忤逆父母。

我 18 岁就开始处对象，我和丈夫是自由恋爱。当时父母非常反对，说我年

① 赵淑娟，扶余市陶赖昭镇西三家子志愿者分会志愿者。

龄太小,不成熟,应该大一些再处对象。我一意孤行,父母怎么劝都不听,20岁正式订婚,22岁就登记结婚。因为我在家不会做姑娘,不知孝顺父母,友爱兄弟,结婚以后也不会做媳妇。我在刚结婚时装得还挺好,每天早上起来做饭,等生了女儿以后,就原形毕露了,不但饭不做了,别的活也不干,对丈夫也不尊重。我成天说他不会说话,不会处事,经常数落他:"我看谁都比你强!我怎么就看走了眼。"我和丈夫从来不好好沟通,什么事都不商量。不顺心我还张口就骂,伸手就打。俗话说:"夫妻之间要讲情,讲情才能互相疼。"我是不讲情,只讲硬。我说啥是啥,不听就武力解决。对待公婆更是横挑鼻子竖挑眼,成天在丈夫面前说他们太抠,有钱都给小儿子买房买车了。

结婚头几年,我经常演奏"锅碗瓢盆交响曲",不知摔坏几个水舀子,打了多少个盘碗,掀了多少次桌子。我在外人面前从来不给丈夫留面子。我丈夫爱打麻将,他要是去玩,我立马就在后边找,找到了就掀桌子。回到家还和丈夫吵个没完。我和丈夫打架心狠手辣,不管斧子还是刀,啥都敢使。有一次,我公婆看我拿刀要砍我丈夫,就把我抱住了。我当时像疯了一样,说:"你儿子打麻将你不管,还拉偏仗!"说着说着,就动手把公公婆婆全打了。公公的脸都让我给挠坏了。婆婆当时就被我气倒了。我那时就那么不是人。

公婆看我像泼妇一样,跟我生不起气,赶紧让我们搬出去过。搬出去以后我就更自由了,三天两头不回家,背着小包一个人出去潇洒,净和一些不三不四的人在一起鬼混,不管孩子,也不顾丈夫的感受。《弟子规》中说:"身有伤,贻亲忧;德有伤,贻亲羞。"我的所作所为,使我的父母蒙受很大耻辱,在人前都抬不起头来。我没有让父母以我为荣,反而以我为耻,我真是大不孝。

我在婆家横踢乱咬不说,还总爱干涉娘家的事。我父亲他们哥三个,我爷爷原来一直是和我叔婶生活在一起的。不幸的是,我老叔38岁就因心脏病去世。我婶子带着两个男孩,生活非常困难,我父亲就把我爷爷接到我家。爷爷到我家以后,我没想过爷爷青年丧妻,老年丧子的痛苦,不但不替父母照顾爷爷,反而总挑爷爷的毛病,让父母夹在中间左右为难。一次,我回娘家,因为一件小事就和爷爷吵起来。吵架后,我一个月没回娘家。爷爷看我这样,就从我父亲家搬走了。他说:"不能因为我,孩子连娘家都不回。"我父母怎么劝都不行。因为我,我的父母背上了不孝的恶名。现在想想,我真是一个罪人。我深深地伤害了我最挚爱的亲人。俗话说:"乌鸦反哺,羔羊跪乳。"畜生都知报母恩,我却连畜生都不如。我太不是人,太缺德了!

《太上感应篇》中说:"祸福无门,唯人自召。善恶之报,如影随形。"因为我不讲道德,不讲良心,所以很快招来灾难。我现在是两个孩子的母亲。我在生儿子时难产,差点儿送了命。当时我经历了十月怀胎,一朝分娩,生死只在一瞬间的恐怖。同时我还得了严重的心脏病,连着几个晚上都不能睡觉。我儿子身体也特别弱,只要有个流行感冒,没有落下的时候,三天两头打点滴,我是既心疼又无奈。我女儿今年19岁,她是公婆带大的。她从小到大,我从来没有管过。在我的记忆里,孩子的成长是一张白纸。我女儿和我的关系一直不好。我以前在父母面前的所有不好行为,现在女儿都以牙还牙地"回报"给我。面对这些问题,我一筹莫展。

也许是机缘巧合吧!一次,我在与邻居唠嗑的时候,邻居说村里的李玉莲正给一些年轻媳妇讲传统文化课呢!我心想,传统文化是什么?就带着好奇心去听。到李玉莲老师家时,她正在对几个年轻妇女说:"现在的年轻媳妇,有的早晨不起来做饭,一睡睡到八九点钟;有的总跟丈夫打仗,骂丈夫就像骂儿女似的;有的还打公骂婆,毫无人道,闹得家里鸡犬不宁。一个家庭,媳妇要是这样,你说这日子能好吗?"我一听,心想:"这不是在说我吗?我就这样啊!"接着,李玉莲老师又说:"《弟子规》上说:首孝悌,次谨信。它告诉我们,做人,首先要孝敬老人,友爱兄弟姐妹,然后要严格要求自己,做到谦虚谨慎,诚实守信,还要遵守伦理道德。姑娘要心存一家人的好处,做一家人的贵星,以提满家为己任。媳妇应该性如水,随方就圆,和五色,调五味,与家人和睦相处,使家庭和谐,给家庭带来福气。"她还说:"女人是世界的源头。好女人,才有好后代;坏女人,很难有好后代。"接着,她就举例子讲怎样做个好姑娘,怎样做个好媳妇。我第一次听到这些话,心灵受到了强烈的震动。没等李玉莲老师讲完课,我就把我的情况说给她听,问她我应该怎么做才对。她告诉我说:"你要孝敬老人。俗话说:人生五伦孝当先,一个孝子全家安。"还说:"你不要争贪搅扰。俗话说争贪搅扰,烦恼围绕。不争不贪,福禄无边。"接着,她又告诉我如何孝敬老人,如何处理与丈夫和孩子的关系。她的一番话,使我受益匪浅。从那以后,我就经常去她家听她讲课。后来,李玉莲老师又领我去听弓棚子镇双胜村刘佩文和肖家乡王家村张利两位乡贤讲道德课。通过听道德课,我知道了什么是传统文化,什么是"五伦八德"。这时我才意识到自己以前"事事以我为中心,不管老少,不论是非，小腰一叉，全都拿下"的做法与伦理道德完全背道而驰，人伦关系全都颠倒了。心想："不懂伦理太可怕了！"

通过听道德课，我认识到我遭遇的一切不顺，是自然规律对我的惩罚。尤其是我女儿对我的态度，是我自己感召来的恶果。因为我原来不学习，不会做人，不会做事，不孝顺老人，没给孩子做出好的榜样，所以我女儿才这样对我。

通过听道德课，我认识到："百善孝为先。"孝敬父母是中华民族的传统美德，是人们应该奉行的一条基本道德准则。为人子女，其本分就是孝。要像《弟子规》说的那样："父母呼，应勿缓。父母命，行勿懒。父母教，须静听。父母责，须顺承。"因为父母告诉我们的话，都是他们人生经验或教训的总结。父母一遍遍叮嘱我们不要这样，不要那样，是让我们接受他们的人生经验和教训，少走弯路，是对我们好，是爱我们。我们不能嫌父母唠叨，不能对父母不敬，更不能毫无人道，忤逆父母。俗话说："老猫房上睡，一辈留一辈。"如果我们不孝，不听父母话，做出违背人伦的事，子女看在眼里，记在心上，将来就会以同样的方式对待我们。

通过听道德课，我还认识到了，为人父母，千万不要图清净，把子女推给父母或别人带。我们既然能生，也一定要养。要和孩子多沟通，多交流，和孩子一起面对困难，一起分享开心和喜悦，陪孩子长大。这样，会增进我们与孩子之间的感情。不然，孩子长大后会与我们离心离德。所以，在这里，我奉劝所有的家长，千万不要犯我的错误。

因为接触了传统文化，懂得了应该按照伦常道理做人做事，我的思想开始转变，决心好好孝敬老人，好好过日子。我在心里说："等我有钱了，一定给我爸多买点儿好吃的，多买几件好衣服。"因为父亲为我操的心最多，为我受的累也最多。没想到还没等我有钱，他突发心梗去世了。当时只有很短的时间，根本没有抢救的机会。父亲的去世，使我看到生命的脆弱，体会到人生的无常，懂得了"树欲静而风不止，子欲孝而亲不待"的深刻含义，知道了孝敬老人不能等。我这一等，等来的是我一生的遗憾。一想起这件事，我就特别痛苦。所以我劝大家：您如果父母健在，一定要活在当下，及时行孝，别等父母不在时后悔。行孝不一定非给父母买多少好吃的、好穿的。只要我们在家让他们省心，外出让他们放心，别做让他们蒙受耻辱的事，常回家看看，陪父母说说话，帮父母做做家务，就是在行孝。能够这样，父母也就心满意足了。

父亲病逝给我留下了终生的遗憾。为了不再有遗憾，也为了真正落实伦理道德，做一个如理如法的好人，我决心及时行孝。我首先在公婆面前承认错误。当时思想斗争很激烈，怕自己丢面子，怕公婆不接受，怕传出去邻居笑话。我就先给自己打气，在心里说："你不是想好吗？想好就得把头低下来。"于是我就和丈夫商量把公婆请来。我记得非常清楚，那天是2007年正月十五，我炒了一桌子的好菜，把公婆请到家中，让到炕上，然后我把酒杯斟满酒，端着跪在二老面前。当我端着酒杯跪在地上的时候，我的眼泪哗地一下就流出来了。我说："爸，妈，儿媳妇以前做了许多对不起你们，让你们伤心的事。现在儿媳妇知道错了，希望你们原谅我。"公婆一看我这样，也都哭了。我婆婆说："快起来吧！你是孩子。在我们作父母的心里，孩子做事没有对与错。"我丈夫笑着把我从地上扶起来，泪水却在眼圈里打转。至此，我和公婆之间的矛盾烟消云散，我们一家人和好如初。

我对公婆好，公婆对我更好。我丈夫看在眼里，乐在心上。他非常支持我学习传统文化，和我一起听老师们讲道德课，还和我一起加入了精神文明志愿者队伍，在李玉莲老师的带领下，为村里义务扫街、义务修路、义务植树栽花，还捐款安路灯、制作道德宣传牌等。做这些，让我体会到参与公益劳动，用自己的双手为建设家乡出力，是非常有意义的事。每年春节，我们都敲锣打鼓，扭着秧歌去镇福利院，给那里的老人送去我们大家包的饺子、豆包，做的棉衣、棉鞋，捐款买的水果、点心等。我们还给老人压岁钱，让这些孤寡老人体会到社会主义大家庭的温暖。我还和村里的志愿者姐妹们一起排练孝老爱亲、热爱祖国、建设家乡的文艺节目，进行义务演出，引导人们营造幸福家园，建设和谐社会。在参与这些活动中，我找到了生活的目标、人生的价值。在帮助别人的同时，我也快乐了自己，提升了自己。

朋友们，中华传统文化是人类瑰宝。能接触传统文化，向古圣先贤学习人生智慧，这是福气。用老祖宗留给我们的人生智慧做人做事，将使我们的家庭和睦，使我们的社会和谐，使我们的人生过得有意义、有价值！

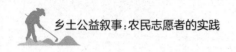
传统美德给了我幸福人生

讲述者：易华①

　　我叫易华，是弓棚子镇镇山村的一名精神文明志愿者。我1989年跟丈夫梁春结婚，婚后和公婆一起住。和老人在一个屋檐下生活，总是有些小矛盾。丈夫家的人都有工作，我们家的人都是农民，我总觉得他们瞧不起我。结婚前就听别人说婆婆很厉害，这在我的脑海里打下了烙印。结婚后，婆婆一说话，我就认为是在指桑骂槐地说我，心想："难怪别人说她厉害，确实挺厉害。但我不能让她拿住。别看我是庄稼院出来的，瞧不起我可不行。"一次，我和婆婆闹了点儿小矛盾。婆婆在外面撵鸭子，一边撵一边数落鸭子。听婆婆数落鸭子，我就认为她这是指鸭子说我。当时我火冒三丈，心想："你拿鸭子说事，我把鸭子剁喽，看咱们谁厉害！"一气之下，我就把鸭子宰了。这件事把婆婆气得一连几天吃不下饭。由于我不懂事，和婆婆对着干，没多久，婆婆就让我们夫妻俩分出去单过了。

　　我们单过后，开始经济上还行，当孩子五六岁时，只靠丈夫的工资过日子，就有些捉襟见肘了。我结婚前学过美发，我想把自己的这一专长捡起来，在镇上开个美发店，赚点儿钱补贴家用。为了把美发店办好，开业前我想让婆婆帮我照顾孩子，我到城里的美发学习班学习一段时间。那时公公婆婆退休在家帮我小姑子带孩子。我跟他们说我要去学习，让他们帮我带孩子，婆婆立刻说他们岁数大了，照顾不了两个孩子，让我自己想想办法。当时我的肺都要气炸了，就质问婆婆说："你能给姑娘哄孩子，就不能给儿子哄孩子吗？我孩子是不是你们孙子？"婆婆说："是我孙子。那我姑娘上班，也不能抱着孩子去呀！我就得给她带孩子。"气得我和她大吵了一架，闹得挺长时间不来往，丈夫夹在中间左右为难。

----

　　① 易华，扶余市弓棚子镇镇山志愿分会志愿者。

后来一次偶然的机会,我听到了张利和刘佩文两位乡贤的家庭伦理道德宣讲。两位老师详细讲解一个人在家庭生活中是什么本位,应该承担什么样的责任,等等。两位老师说:"家庭不和,主要是每个家庭成员摆不正自己的位置,不知道自己是什么角色、应该怎么做。当父母的,不关爱儿女;当儿女的不孝敬老人;丈夫对妻子不仁不义,妻子对丈夫不贤不顺。出了问题,都找别人的错,指责别人不对,不找自己身上的毛病"。他们还说:"一个家庭如果有了矛盾,每个成员都应先从自己身上找毛病。找别人的好处,升起感恩心,就什么矛盾都能立刻化解,什么问题都能及时解决。"一开始,我还有点儿不相信,心想:一个巴掌拍不响,矛盾都是双方造成的,怎么能光找自己的毛病呢!后来经常听两位老师的道德宣讲,慢慢地就理解了。随着理解的深入,加上身边很多转变的例子,我认识到这些都是人生的真理,思想开始有了转变。

我对照老师讲的"孝道"检查自己,感到差得太远了。《弟子规》上说:"亲爱我,孝何难。亲憎我,孝方贤。亲有过,谏使更。怡吾色,柔悟声。"而我对待婆婆不但不怡吾色、柔吾声,而且不恭不敬,甚至带着敌意,与她对着干,这是不贤不孝啊!我通过学习还认识到,我们都已成家立业,自己的儿女应该自己带,老人没有带孙辈的责任和义务。我们想让老人给带孩子,应该怡吾色、柔吾声地去求。老人答应,那是在帮我们,我们应该感恩;老人不答应,那也正常,我们不能有意见。而我呢?原来不懂这些道理,逼着老人带孩子,不给带还和老人吵架。我做得太过分了,完全背离伦常。越学,我越觉得自己身上的缺点毛病很多,与圣贤的教诲差得太远,感到特别惭愧。我决心立身行道,改正自己的缺点。于是我主动诚恳地向公婆认错,请求他们原谅我。两位老人看我主动认错道歉,都很感动,也很高兴,都不再挑我的毛病。从那以后,我和公婆的关系变得融洽,丈夫也不再为此烦恼。我的改变,使笼罩在家里的阴霾立刻消散。从此,家里其乐融融。这件事验证了张利老师的话:"只要你认真学习传统文化,按照古圣先贤'行有不得,反求诸己'的教诲去做,家里出了问题,先找自己的错,先改自己的过,在你的感染下,你的家庭,乃至一个家族都会改变。"真是这样啊!我的亲身经历告诉大家,想让自己的家庭好,自己应该先做好。只有自己努力地修正自身的错误行为,立身行道,用自己的所作所为感染家人,我们的家庭才能好。

我不但在家里立身行道,而且在村里也如此。我和丈夫都加入精神文明志愿者队伍，和志愿者一起，积极参加村里修路、安灯、植树、栽花等各项志愿服务活动。我们村有一个菜市场，那里没有清洁工。每天散市后，那里遍地都是垃圾。为了给人们营造一个干净整洁的市场环境，我和丈夫主动当起了市场清洁工。每天早晨四点左右，我们去清扫市场，扫完市场再回家做饭。这一志愿行动我们已坚持了十多年。

我的变化是从学习传统文化开始的。是传统文化教育了我，改变了我的人生，我庆幸自己接触到了传统文化。我也希望大家都来学习传统文化，用古圣先贤的教导指导我们的人生，使我们的人生幸福圆满！

孝悌之道，无所不通

讲述者：姜翠萍①

我叫姜翠萍，今年 37 岁。家住弓棚子镇京城村。我 23 岁和丈夫申海龙结婚。结婚前我因为买结婚用品的事和婆婆闹了点儿小矛盾，结婚后和婆婆就有点儿隔心，经常因为一点儿小事我就生婆婆的气，总认为婆婆不如妈。结婚不到两年，我就和公婆分家单过。分家时，公公说："咱们家有 2 万多元钱的'饥荒'②，这是为了给你们结婚才借的，你们领 1 万元吧！"一听让我们领"饥荒"，我就生气地说："你们就给我 2 万元钱的彩礼，结婚时花了一些，现在我们单过还得添一些东西，再让我们还 1 万元钱的'饥荒'，往后我们可怎么活呀！"公公一看我这态度，就没再说话。过了几天，他就带着我那 17 岁的小叔子去建筑工地打工了。工地吃住条件特别差，没多长时间，婆婆就说，公公食道炎的老毛病犯了。丈夫赶紧陪公公到医院去检查，诊断结果是食道癌晚期。这对一个本来就不富裕的家庭来说，真是雪上加霜。婆婆东挪西借地凑钱给公公治病，但无济于事。不到两个月，公公就去世了。公公走后，剩下婆婆和小叔子，母子二人生活更加艰辛。婆婆整天以泪洗面。我一看婆婆生活艰难，就把彩礼钱给婆婆拿回去 1 万元，让她还"饥荒"。

俗话说："福无双至，祸不单行。"公公去世不到一百天，我三岁的儿子突然离开了人世。接着，我妈妈因肝硬化过世。看着我最亲的人相继离开人世，我悲痛欲绝，想一死了之。可是想到我如果也离开人世，我父亲承受的痛苦就更大了，便放弃了轻生的念头。但我整天愁容满面，什么都不想做。不到一年，我自己又查出了乙肝。这如同晴天霹雳，我一下懵了，心想：老天为什么如此不公，所有不幸的事都让我摊上了！这回我可真不想活了，整天不吃不喝。

---

① 姜翠萍，扶余市弓棚子镇京城志愿者分会志愿者。

② 东北方言，指的是欠债、债务。

就在这时,好心的邻居牟连成大爷把我领到了肖家乡王家村文化大院,听道德模范张利老师讲传统文化经典《弟子规》。听了《入则孝》一章,我的眼泪就流下来了。《入则孝》中说:"父母呼,应勿缓。父母命,行勿懒。父母责,须顺承。父母教,须静听。冬则温,夏则清。晨则醒,昏则定。"我想:这些,我一条都没做到。如果当年我听从公公的安排,还1万元钱的饥荒,公公也许就不用出去打工。公公不出去打工,在家吃住心情好,食道炎可能就不会那么快恶化,也就不会那么早离开人世。想到这我痛哭流涕,感到自己太不孝了,实在对不起公公。俗话说:"诸事不顺,皆因不孝。"我在心里对自己说:"你连做人的第一本分——孝,都没有做到,命运怎么能好呢?这都是自作自受啊!"

通过学习,我明白了做人应当遵守的道义和规则,懂得了"百善孝为先"的道理,知道了为人子女应当孝顺父母,为人儿媳应当孝敬公婆,这是做人的本分。明白道理后,我决心力行孝道。我首先向婆婆认错,说以前都是我不好,不懂孝道,给她老人家带来了痛苦。当时我小叔子正在外地打工,婆婆一个人在家。为了不让婆婆孤单,我就和丈夫搬到婆婆家去住了。那时婆婆还有很多外债。为了帮婆婆还债,我和丈夫给婆婆种地,秋收后把钱全交到婆婆手中。婆婆衣食住行等一切费用都由我们承担。这样几年后,外债还上了很多。这时我小叔子也到了结婚的年龄。为了给小叔子结婚,婆婆东挪西借还差2万元钱,我就把我和丈夫包地挣的钱拿出来给弟弟娶媳妇。这事让婆婆非常感动。我对婆婆说:"这是我们应该做的。《弟子规》上说:'兄道友,弟道恭。兄弟睦,孝在中。'我们当哥嫂的不帮助弟弟娶媳妇,就是对您的不孝。"我小叔子结婚后,两口子一起去松原打工,婆婆非常惦记,怕他们吃不好住不好。为了让婆婆安心,每到年节的时候,我都会买猪肉和小笨鸡,再带上一些农产品,给小叔子他们送去。近几年,在我和丈夫的共同努力下,帮助婆婆还上了所有的外债,婆婆的脸上也露出了欣慰的笑容。2016年秋天,我婆婆觉得身体不舒服,去医院检查,确诊为肝炎,而且很严重。这种病必须得分型。当时,婆婆一听分型得600多元钱,说啥也不看了。我劝婆婆说:"妈,咱们来医院就是为了治病。钱没了可以再挣,妈要是没了,我用多少钱也买不回来呀!"在我的耐心劝说下,婆婆才进了检验室。为了给婆婆治病,我东挪西借地凑钱。当时农村正是困月,钱也不好借,把我急得眼皮都长了疖子。那时我们虽然困难,还是给母亲买了比较贵重的、不刺激身体的药。经过4个疗程的治疗,婆婆病情好转,各项指标恢复正常,这时我和丈夫才放心。

　　我小叔子结婚后,弟媳妇娘家就她父母两位老人过日子。弟媳妇和小叔子一起在外打工,不能总回家照顾他们。我想:"《弟子规》上说"事诸父,如事父"。弟妹不能常回来照顾她父母,我们就应该承担起这份责任,替她尽一份孝心。"我听说弟媳妇娘家柴禾不够烧了,就和丈夫主动去山上割柴草,给他们准备好一年的烧柴,使弟媳妇的父母十分感动。邻里有困难,我也尽力帮助。我家前院牟大爷是低保户,也是一名志愿者。牟大娘身体有病,腿脚不灵便,三个孩子都不在身边,我就挤时间帮助牟大娘干家务活。他们需要钱,我就主动借款。有一年,牟大爷没有车种地,我就和丈夫开着自己家的车帮牟大爷把地种上,秋天又帮着把粮食收回来。对此,牟大爷和牟大娘很感激,说了很多感谢的话。我对他们说:"咱们前后院住着,不是亲人胜似亲人,这都是我应该做的。"

　　我们村成立精神文明志愿者分会,我和丈夫都加入了,并且坚持参加各项志愿服务活动。这些年我一心为别人着想,从来不想自己是个乙肝患者,不吃药,不打针,也不特意照顾自己,但我的病竟然奇迹般地好了。这证实了《孝经》中的一句话:"孝悌之至,通于神明,光于四海,无所不通。"这也使我深刻地认识到:中华传统文化博大精深,真的是谁学谁受益。

圣贤文化拯救了我

讲述者：李晓东①

我叫李晓东，今年 34 岁，家住扶余市弓棚子镇农场村。我是在父母的影响下学习圣贤文化，成为一名精神文明志愿者的。屈指算来，我参加志愿服务活动已有 13 年时间了。

在没有做志愿者之前，我是一个满身坏习气、趣味低级、以丑为美的人。那时，我没有正确的世界观和价值观，没有理想，不懂得怎样做一个合格的人，更不懂得怎样做一个孝顺的儿子。

从小，我对父母的怨恨心特别强。我是家里的"超生子"。当时，因计划生育的政策很严，所以我出生后就被送到爷爷奶奶家。爷爷奶奶对我这个孙子非常溺爱，从来没骂过我，更没打过我，甚至"只要不把家里的房子点着（火），做什么事情都行"。因此我被宠得特别任性，特别不懂事，听不得别人说我一句不好。直到上学的年龄，父母才把我接回家。从此，原来那种无拘无束的日子结束了。父母都是很要强、很严肃的人。他们看我被惯得不成样子，便对我严加管教。我的姐姐既聪明又懂事，父母很少批评她。当时我的心里特别不平衡，总觉得父母对姐姐比对我好得多。还时常在心里想：我肯定不是爸妈的亲生儿子！所以心中常有一些不满和不平，对父母有一种强烈的怨恨心。

因为当时我心里不阳光，所以虽然是阳光灿烂的年龄，但在我身上却一点看不到阳光。我经常在家躺着歪着看电视上的武打、凶杀片，精神也受到了极大的污染。不愿意上学，学习时注意力不集中。随着年龄的增长，脑子越来越不好使，反应也越来越慢，做事稀里糊涂，马马虎虎，总比别人慢半拍。本来很简单的事情，在我这就会变得很复杂。性格也越来越自卑、懦弱、多疑，总觉得自己不如别人。在人前畏首畏尾，总怀疑别人看不起我，背后对我指指点点。

---

① 李晓东，扶余市弓棚子镇农场志愿者分会志愿者。

我没有主见,也不愿与人交往。特别是在人多的地方,感觉特别紧张、特别累,别人家有事我很少参加。更可悲的是,心里明明知道自己的状态不对,却不知道如何改变这种状态。这种心灵上的痛苦,比身体有病的痛苦难受百倍,没有亲身经历过的人是体会不到的。

到了上初中的年龄,我被父母送到外地读书。初中这三年,我脱离了父母的管教,开始放纵起来。我经常逃课,去游戏厅和录像厅玩游戏、看录像。那时,除了班主任的课,我说不上就不上。父母给我的书本费和零花钱,我全都花在了游戏厅和录像厅。我还谈起了对象。那三年,我浪费了父母很多血汗钱,书还没念好。初中毕业后,我没读高中,直接去了长春的练歌场,打了一年半的工。练歌场这种环境,对我的负面影响更大,使我养成很多的坏习性,如抽烟、喝酒、打架、赌博、撒谎。赌博熬夜那是经常的事。下班本来就挺晚,都是后半夜一两点钟。我不抓紧时间休息,而是去打麻将或"填坑"①。有时一连两三天不睡觉,身体也越来越差。我就这样稀里糊涂地混到了21岁。

就在这个时候,我父母听张利和刘佩文两位乡贤讲道德课。两位老师说:孩子在没有建立是非善恶观念的时候,千万不要让他们出去打工。因为外边的诱惑太多,孩子没有定力,抵挡不住诱惑,容易学坏。到那时,做家长的后悔就晚了。正确的做法是,让孩子们学习圣贤文化,明白做人做事的道理,树立正确的是非善恶观。还要让孩子参加精神文明建设,做公益事业,养成孝敬老人、关爱他人、乐于奉献的良好品德。孩子奠定了良好的思想基础,树立了正知正见,有了定力后,无论走到哪里,无论干什么,无论遇到什么样的人和事,都不会变坏。"我父母深以为意,就打电话催我回家。我不回去,他们就骗我说,今年家里种很多地,实在忙不过来,让我回去先帮忙,等忙完这一阵后再让我出去打工。就这样,我才回家。回家以后我就没有再走出去,一直在家种地到现在。也是从那年起,在父母的引领下,我开始听道德课。与此同时,也加入了精神文明志愿者队伍,投入了建设美丽乡村、打造乡村文明的事业。从此,我的人生也翻开了崭新的一页,有了巨大的转折。

刚开始的时候,我不懂什么是圣贤文化,更不明白张利老师为什么一个劲儿地讲人必须要付出、要奉献,只是随帮唱影凑热闹地跟着参加公益劳动。通

---

① 东北地区的扑克游戏。

过不断地学习《弟子规》《论语》《孝经》等，渐渐明白了许多做人做事的道理，知道了"父子有亲、夫妇有别、长幼有序、君臣有义、朋友有信"这五伦关系；懂得了"孝、悌、忠、信、礼、义、廉、耻"这八德的内涵；明白了人无伦外之人，每个人都在五伦关系中扮演着一定的角色，承担着一定的责任和义务。如果扮演不好这些角色，不履行应当承担的责任和义务，就不是一个合格的人，这个人的人生也不会幸福。越学习，我越感到自己以往的所作所为不符合人道，不符合"八德"；越学习，越认识到自己太无知，太不知羞耻。

认识到自己的无知和无耻，我决心改掉一切不良习气，重新做人，做一个有道德的人，做一个对家庭对社会有益的人。于是，我戒除了抽烟、喝酒、赌博、撒谎这些恶习，积极参加村里的一切公益劳动。每天早上四点左右，当别人还在熟睡时，我就爬起来，和村里的志愿者一起扫大街、清垃圾。春天，在春耕大忙季节，我放下自家农活，和志愿者一起植树、栽花、铺砖路、安路灯。在炎热的夏天，我和志愿者起大早浇花，顶着烈日铲花。冬天，我站在高高的梯子上，顶着寒风拉彩旗、挂灯笼。干这些活虽然挺辛苦，还不挣钱，有时还要捐钱，但我毫无怨言，心里还升起了一丝光荣感和成就感。我还和同龄的志愿者参加一些有意义的文艺体育演出，精神上感到无比的愉悦和充实，脸上的笑容也多了起来。熟悉我的人都说我变了，变得自信、开朗、阳光了！

现在，我对父母的怨恨之气全都消除。我理解他们原来对我严加管教，那是恨铁不成钢。虽然有时言辞过于激烈，令我难以接受，但他们的出发点是好的，都是为我好。《弟子规》上说："身有伤，贻亲忧。德有伤，贻亲羞。"想想以前由于自己的不争气和不孝，在人前人后给父母丢了那么多的脸，让父母承受了那么大的压力，我感到无地自容和无尽的惭愧。借此机会，我想向我的父母说一声："爸、妈，儿子对不起您二老！你们把我带到这个世界上，把我抚养成人，实属不易！我不该挑剔，更不该不知足。儿子向你们保证：今后一定坚持学习圣贤文化，好好做人做事，弥补自己以前的过失和不孝，好好报答二老的养育之恩。"

在参与志愿服务这些年月里，我逐渐地得到了亲属和村里干部群众的认可。2009年，我光荣地加入了中国共产党，还先后被评为村里的劳动模范、党员创业示范户等。我家还被评为"吉林省模范家庭"。

尤其让我感到幸福的是，在参加公益劳动中，我认识了一位志同道合的女孩。在几位好心人的撮合下,我们结为连理。我的妻子非常宽容大度。我能很快地告别过去,迅速从阴暗走向光明,离不开妻子对我的理解和帮助。我妻子还是一个善解人意、通情达理、十分孝顺的人。我家现在是四世同堂,奶奶在我们家奉养。我父亲兄弟姊妹五人,他排行老大。因为奶奶在我家,叔叔姑姑经常来看望奶奶,所以家里常年客人不断。特别是逢年过节的时候,好几十口人都聚到我家。不管谁来,不管多少人吃饭,我妻子都乐乐呵呵地热情招待,从不嫌烦嫌累。每年春节,别人家的年轻媳妇早早地就回了娘家,而我的妻子因家里客人多,她得等客人都走了才能走,所以总是很晚才能回娘家,但她一点怨言都没有。因此我的父母和亲属都非常喜欢她,说她懂事、孝顺。我父母经常满意地说:"好儿子不如好媳妇啊! 我们的命真好,娶到了好媳妇!"在这里,我也想向我的妻子表示敬意:"谢谢你! 向你学习!"

现在,我奶奶 79 岁,我的父母也已经 60 多岁了。他们的身体都非常好。我有一儿一女。女儿 12 岁,儿子 2 岁,两个孩子健康活泼。我们这个七口之家,互相关爱,相互包容,和和睦睦,其乐融融,非常幸福。我和我妻子决心以后更加孝顺三位老人,以身作则,传承良好的家风,给孩子树立好的榜样。我们还要让孩子从小就学习圣贤文化,早早树立正知正见,养成良好的品行和习惯,做一个对社会有贡献的人。

最后,我想对所有的父母说,不要只让孩子学习知识技能,要让孩子学习圣贤文化,树立正确的人生观和价值观,做到孝、悌、忠、信、礼、义、廉、耻。这样,孩子才会有定力,走正路,做好人,办好事,你们的人生才会幸福圆满!

志愿者协会创立与发展 ›››››

大爱有"声"

讲述者：韩雪洁①

　　在扶余市弓棚子镇双胜村香水泉屯,有一位德高望重的农村妇女,名叫刘佩文,村民们都尊称她"刘老师"。80岁的她几十年来义务为村民们宣讲传统美德,劝导人们做好人好事,孝敬老人,热爱家庭,建设家乡,赢得了大家的敬重。人们如果来到双胜村香水泉屯,文明整洁的村容村貌映入眼帘:柏油铺就的村路打扫得干干净净,高耸的路灯上悬挂着道德文明宣传牌,挺拔的松树屹立在街路两旁,处处洋溢着和谐友善的氛围。一个普通的农村妇女,是怎么改变村民们原本落后的精神面貌的? 带着好奇,我采访了刘佩文老人。她告诉我她父亲早年是读书人,有文化,家里的藏书很多,她从小受到了家庭的熏陶,也念了七八年书,到初中后因为身体不好才辍学。结婚后,刘佩文看到有很多人家为了家庭琐事,经常发生矛盾,就萌生了"劝人"的想法。谁家吵架了,她就去劝解,因为她对传统文化的学习和领会很深,传统美德在她的头脑中根深蒂固,她的话总能说到人们心里。对一些不孝敬老人的人,她就晓之以理,"对老人好,就是对自己的孩子好,将来孩子也懂事孝顺"。有些孩子厌学,家长领着孩子到她家,她就耐心劝导好好念书,将来为国家,为社会多作贡献,孝养父母。久而久之,刘佩文"劝人"的名声渐渐传开了。有一些村子请她去给大伙"上课",主要内容就是围绕家庭和谐、婆媳关系、兄弟姊妹关系如何处理等。很多人听了她的讲解,改变了原来的坏习气,一些夫妻经常打架的家庭也变得和睦了。

　　方圆十里八村的人有了解不开的思想"疙瘩",都愿意去她家咨询。她都热情接待,到了中午,还管饭。她告诉我每年的夏天和冬天农闲时节,到她家的人

---

① 韩雪洁,《吉林日报》记者。

络绎不绝,于是就开了10多年的"流水席"。一些热心的村民也来帮忙做饭,拿一些粮食和蔬菜。最让村民们感动的是,前些年农村都不富裕,刘佩文把家里有限的大米白面留给客人吃,自己家却经常要吃玉米面饼子。开始,家人和亲戚并不理解她,认为她"傻",后来看到受益的人越来越多,来感谢她的人越来越多,才明白她的善举多么有意义,都支持她了。刘佩文不光嘴上劝人,她还用实际行动帮助有困难的村民。当时村里有一个出了名的贫困户刘福,没房子住,刘佩文张罗着借钱帮刘福买了房子。到了春天,她又借5 000元钱让刘福种地,现在刘福已经过上了好日子,家里盖上了新房子,还买了两台四轮车,他也成了村里志愿服务活动的带头人。

1999年,一个偶然的机会,刘佩文结识了长春市著名爱心企业家王竑锜,刘佩文无私助人的善举,深深地打动了王竑锜。他开车来到了双胜村,没想到这里泥泞的道路让汽车寸步难行。村民们把他的汽车从泥坑中抬了出来,用拖拉机载着他进了村。看到村民们在刘佩文的感召下如此淳朴善良,乐于奉献,王竑锜打心眼儿里佩服。于是他出资10万元买砖,村民们义务出工,修好了满是大坑的村路。村民们的干劲不断感染着王竑锜,他不断追加爱心善款,总共投入30多万元,把村里的几条路都修了,还修了排水沟和自来水管道,村民们用上了方便的自来水。村里越来越漂亮,村民们热情高涨,大伙捐钱安上了路灯,栽上了松树,春天还在路两边栽满鲜花,整个村子变成了大花园。后来在双胜村志愿者的影响带动下,扶余市广大乡村都有了志愿者团队,现在乡村地区活跃着几千名农民志愿者。

行文明善举，促社会和谐①

讲述人：张利②

　　我是肖家乡王家村的一个普通农民。在 20 世纪 80 年代，改革开放的政策给人们带来了实现梦想的大好机会。很多人发挥自己的专长发家致富。但我也看到社会上有的人游手好闲，无所事事；有的人违反法纪，扰乱民生；有的人因赌博债台高筑，妻离子散；有的家庭子女不孝，老人遭虐待；有的家庭夫妻不和，打打闹闹；有些人家邻里不和，老死不相往来。我总是在想，这些不文明现象，不仅给个人和家庭带来痛苦，也给社会带来不稳定因素。这些人不是本质多么坏，而是不懂法纪、不懂伦理道德，做出了触犯法纪、违背人伦的坏事。如果我们能耐心对这些人进行疏导、劝导、引导，使他们知法守法，明白事理，能为他人和社会奉献爱心，那不更能体现人生价值吗？所以，经过一段时间的考虑之后，我便选择了不计名利、不求回报的劝导人敦伦尽分、向上向善的人生之路，无怨无悔地履行起"行文明善举，促社会和谐"的神圣职责。

　　从 20 世纪 80 年代初到现在，我坚定不移地恪守着自己的信条，脚踏实地地追求自己的人生目标，默默无闻地做着社会上"浪子"的帮教工作。其中典型的是弓棚子镇的姜铁山。他曾是弓棚子镇的一霸，曾两次进监狱。1990 年出狱时，他儿子还在监狱服刑。他出狱后，看到家里债台高筑，缺吃少花，就失去生活的信心和勇气，整天腰间别着一把刀，扬言谁惹着就和谁拼命。一次，他与

① 来源：扶余市精神文明志愿者协会副会长张利的发言稿。
② 张利，扶余市精神文明志愿者协会创始人之一，曾任扶余市精神文明志愿者协会副会长、荣誉会长。1953 年 10 月出生于吉林省扶余市王家村，他种过地、做过木匠，还会书法、绘画、雕刻、彩绘等多种技能，热爱看书，尤其是国学经典，是一位多才多艺的农民。他于 1997 年开始从事志愿服务活动，几十年如一日弘扬传统文化，受到村民的广泛爱戴和尊敬。2019 年 5 月因病去世。曾获得扶余市和松原市两级道德模范、松原市十大杰出人物、吉林省劳动模范、吉林省志愿者标兵、全国优秀基层宣讲员、"草根"宣讲员、"人民调解员"等称号和荣誉。

别人打架,妻子拼命拉他,他手一推,妻子头重脚轻地摔在地上,头部遭受重创,不几天就离开了人世。妻子的死使姜铁山万念俱灰,思想更加消沉,总想找茬闹事,镇里的人看见他就像见到瘟神一样,远远躲着他。我知道此事后,便和双胜村的郑广忠来到弓棚子镇,托人找到姜铁山,和他交谈了两个多小时。我说:"老姜啊,人生这么短暂,你都进了两回监狱,多可惜啊! 难道你还要第三次进去吗? 你想让人们尊重你,要做一些对他人,对社会有益的事,做让人看得起你的事。你儿子就要出狱了,你老伴现在也没了,你应该维护好这个家,让你儿子回来有个着落,你不为自己,起码得为你儿子想想啊!"他说:"我也想好。可是我的'饥荒'太多,儿媳妇也回娘家了,这日子没法过呀!"我说:"我们大家可以帮你,只要你学好。"于是,我到大庆一个朋友那里借了 5 000 多元钱,帮他还上了外债。他儿子从监狱出来后,我和几个人又帮他接回了儿媳妇。这一切使得姜铁山十分感动。后来他真的改好了,积极参与我们开展的各种公益活动。现在,他的儿子和媳妇双双去大连打工,生活过得很好。

另一个例子是弓棚子镇双胜村的刘士恒。在村里,他是出了名的"混混",偷鸡摸狗,酗酒成性。他腰上总是带着刀子,衣服底边被刀子割得全是口子。父母妻子谁也管不了。他家菜园子的围栏挂的全是鱼网,这些鱼网都是他偷回来的,但从没有人敢向他索要。有一次,他酒喝多了,与人打架,脑袋被人打伤了。他醒酒后在路上站着,扬言要杀死那个打他的人,吓得那人东躲西藏。我知道刘士恒的情况后,主动登门拜访,跟他讲人活着怎样才能有意义,讲应当怎样做人。可他根本听不进去。一次不行两次,两次不行三次,三四年的时间,我和他谈了无数次。其间,刘士恒种地缺钱,我就帮他借钱;种地没车,我就帮助找车。经过长期的引导和感化,刘士恒终于觉悟了,主动改过自新。现在,他处处关心他人,积极主动参与公益活动,成了双胜村精神文明建设的骨干,他的家庭生活也明显好了起来。二十几年来,经过我帮助改变的人很多很多,他们都成了我的好朋友。

从 20 世纪 90 年代初开始,我在每年春节都到乡敬老院看望老人。开始只组织本村的一些人去,近几年,我动员附近村庄的"爱心志愿者"一起去。每年一过腊月十五,在我的组织倡导下,肖家乡的王家、立新、西榆、东榆、上河湾村,弓棚子镇的双胜、农场村就开始蒸豆包、包饺子、做布鞋、买衣服、买水果。然后我们带着这些东西,扭着秧歌,到敬老院给老人们拜年。为此,敬老院的院长给我送了一面锦旗，上写"精神文明结硕果，尊老爱幼谱新篇"。

我们王家村原来没有砖路，晴天一身土，雨天一身泥，环境卫生很差，人们出入极不方便。我再三考虑之后，决定带领村民将村里的主街路铺上砖，安上灯，再栽上树，种上花。做这些需要钱，而且需要一大笔钱。为了筹措这笔钱，我和村里热心公益事业的骨干杜占军、隋喜军、朱显辉、刘利国、郭立民等人合伙到陶赖昭镇西三家子村承包江湾地。那一年，十年九涝的江湾地大丰收。粮食卖出后，我就用包地挣来的钱在村里主街路先安上了路灯。路灯电费都是我们几个人掏钱交。我们的举动感动了村里人，许多人都说，改变村里环境，人人有责。于是，家家户户主动捐款。全村300户，共计捐款近10万元。于是，铺砖路大会战开始。我负责组织调度，杜占军、随喜军等人分兵把口，全村群众义务出车拉砖和拉沙子。外村曾经接受过我帮助的人听说我们修砖路，纷纷前来帮工，一下来了600多人，光瓦工就70多人。他们在我的指挥下，各司其职，各负其责。经过三天的紧张奋战，一条宽8米、长900延长米的砖路亮相于王家村。我紧接着又组织人在村头修起迎宾门，在路两边栽上松树，立起宣传牌，在迎宾门和宣传牌上写上"尊老爱幼、团结互助、发展生产、创建文明"的宣传口号。为了保持环境卫生，我组织人义务清扫街路，个别人乱扔乱倒，我就领人进行收拾。这一举动逐渐使人们开始自觉维护环境卫生。如今人们走进王家村，给人的第一印象就是整洁美观，文明向上。

我不但组织村民在本村铺砖路，而且帮助其他村铺砖路。附近不论哪里铺砖路，只要告诉我，我就组织人前去支援。2007年夏季，榆树沟中学要将学校门口到王家村西头这段土路铺上砖，但手里的钱只够买砖，不能雇工。我知道后组织本村和上河湾、三家子、弓棚子农场村的一些村民前去帮工，很快就把这段长400米的土路铺上了砖，解决了学校教师上班、学生上学行路难问题。

陶赖昭镇西三家子村铺砖路时，一开始，那里的老百姓没几个出义务工的。他们看到我带领王家村50多人前来铺路，许多人站在旁边看热闹。当他们知道我们都是义务献工时，深为感动，于是出车的出车，出工的出工，全是义务奉献，2000延长米的砖路两天就全部竣工。弓棚子镇王家岗子村道路一直不好，村委会拉了砖，准备铺路，可是正赶上秋收时节，人们都在忙自己家秋收，如果等秋收完了再铺还不行，因为砖在路边，路中间有沙土，不能走车。村长急得没办法,就来找我,我便通知南北各地的志愿者来了个"大会战",一天就铺完了2000多延长米的砖路。

我虽然做了一些好事,但距离道德模范的标准还差得很远。今后,我要积极进取,再接再厉,把热心公益、无私奉献、助人为乐的工作做得更好。

永远的张利

讲述人：刘文萍①

　　我与张利的相识缘于他的小妹云艳，我们是小学同学，还是童年时的玩伴和闺蜜，所以我们对彼此的家庭都很了解。但我对张利大哥是不熟悉的，只是认识而已。后来我家搬到了扶余县城。再后来，我又从扶余去了外地。但我与云艳的联系一直没有中断。每当我们见面或者电话聊天时，她都会跟我说起张利大哥的一些事迹，不禁让我心生敬佩景仰之情，还萌发了想为志愿者做点什么的想法。于是，我参与了扶余市精神文明志愿者公众号的编辑工作。我在编辑过程中，被志愿者无私奉献的事迹深深吸引，也被张利大爱无疆的精神感动，于是便把张利当成了我的人生导师。

　　2017年10月，我回东北探亲时专程去了趟王家村，再次见到了阔别多年的张利大哥，并聆听了大哥的教诲，看到了王家村翻天覆地的变化，也知道了更多他为改变家乡面貌所做出的种种努力。临别时，张利送了我几幅字画留作纪念，又给我寄来了许多他讲课的光盘。在他的影响下，我也开始学习传统文化，背诵并践行《弟子规》，希望有一天和王家村的父老乡亲一起背诵。张利在日常交流中说他很想在王家村建养老院，让那些做了一辈子公益事业的志愿者能安享幸福的晚年，过上有人照顾的无忧无虑的生活，同时也让志愿者精神得以一代代地传承下去，并希望我退休以后能回去跟他一起弘扬传统文化。他知道我喜欢朗读。于是，我们相约以后有机会，一起合作朗读他写的《孝行的启迪》。可如今却再也没有机会了，张利大哥永远地走了，只留下无尽的遗憾……

　　2018年8月，张利感觉身体不适，去医院检查被诊断为肝腹水。于是，他在家人的陪伴下开始了漫长的治疗。在整个治疗过程中，他的弟弟张权一直陪伴在侧，北京、上海、大连，无论到哪儿治疗都全程陪同，直到生命的最后时刻。

---

① 刘文萍，青岛城市学院教师。

张利和张权两兄弟,向世人完美诠释了什么叫兄道友,弟道恭,兄弟睦,孝在中。手足情深,令人动容。

2019 年 5 月 28 日,张利走了,人们从四面八方赶来为这位了不起的乡贤送行,人们排着长长的队伍,只为做最后的告别。然而,我感觉张利并没有真的离去,他就在我们身边,只是变成了另外一种形式的存在:在空气里,在阳光里,在风里,在雨里,在每一颗怀念他的心里,化作不朽和永恒。

会长谈志愿者协会发展规划①

讲述者：刘明志②

喜悦伴着汗水，成功伴着艰辛，使命激励奋斗！不经意间我们又走过了一年的时光。刚刚过去的 2021 年，是我们协会成立的第十个年头，也是我们协会收获满满的一年。

2021 年，协会民宿项目建设大体完成，并且成为扶余市新时代文明实践中心教育示范基地；我们与吉林大学哲学社会学院成为结对共建合作单位；有多位领导到民宿调研考察，还有一些已退休的老领导和社会团体来此参观旅游；协会获得全国学雷锋志愿服务"四个一百"优秀志愿服务组织称号和全国消防优秀志愿服务组织称号。

2021 年，大家坚持奉献大爱，开展常态化工作，清扫街路，清冰除雪，培育栽植花苗，制作悬挂彩旗，有效保障村庄环境卫生，有效维护村路畅通无阻，有效保护水泥路面无冰无雪，更好地延长水泥路的使用寿命。从此可以看出，我们没有辜负市委市政府为我们修路的初衷，在道路的养护上交了一份满意的答卷。这些行动体现出我们的责任担当，又表现出我们的信守承诺。"给我们修路，我们一定能保护好"，这是当年修路时我们对领导的承诺。我们现在这些行动，真正体现出志愿者一诺千金的诚信品质。当然，这也是传承道德文化的体现，展现了志愿者的风采，为群众树立了榜样。

2021 年，我们坚持稳中求进，开展"绿色能源点亮乡村"行动。各分会积极开拓创新，努力发动群众，多方筹措资金，自己动手拆装，将原有的铁杆地埋线路灯更新成安全、节能的太阳能路灯。据统计，14 个分会在 2021 年安装太阳能路灯 924 盏，实现了常态化照明，既为国家节省了能源，又为我们自己节省了

---

① 来源：2022 年 2 月 21 日扶余市精神文明志愿者协会 2021 年总结会发言稿。
② 刘明志，扶余市精神文明志愿者协会会长。

开支。丛林村 5 个自然村的路灯全部更换成太阳能路灯后,村委会领导也深受触动,在资金紧张的情况下,依然给每盏灯补助 200 元。这种模式值得推广借鉴。安装太阳能路灯的村庄还有二十三号、双胜村后双山子、明家店、九间房、镇山、南岭、六家子、下沟、黎明,里半号等。还有些分会安装大红灯笼,搞特色亮化项目,如程家围子、南岭、胡家分会增添的红灯笼景观。这些既给村庄增添了景观,又凝聚了人心。

最值得一提的是里半号村的分会长杨淑琴,已经 70 岁高龄,在深冬腊月之际,将上河湾村多余的太阳能灯和大红灯笼拉回去,利用三天时间把它们全部安在里半号的大街上。这位老大姐的信念是多么的坚定啊!还有下沟村和王家村两个分会,相互比着干,你安花树灯,我们马上也安上。真是干劲十足,突飞猛进。

大家在确定更新路灯的过程中都仔细斟酌,各处走访调研,争取路灯样式新颖、牢固安全,还要突出文化特色。分会长们都认认真真做事,没有糊弄搪塞,又一次体现出志愿者求真务实的工作作风。项目建设也激发了村民的热情和期盼,调动了村民的积极性,为传承文化、建设家乡奠定了坚实基础。

2021 年,我们坚持生命至上,有效参与疫情防控。一年来,全国疫情频发,防控形势非常严峻,特别是黑龙江省的疫情给我们扶余市带来巨大的压力,如何守好吉林省北大门,成为扶余市防疫工作的重中之重。我们精神文明志愿者主动请缨,义务参与防控任务。虽然涉及人员多,工作内容复杂,但我们志愿者心无旁骛,坚定信心不落人后,大多数的分会都参与到疫情防控工作之中。如里半号、双胜、下沟、丛林、京城、农场、胡家、城山、季家,西大洼、西三家、大十八号、二十三号等村庄,志愿者投入大量的时间和精力,下大力度助力疫情防控工作。各分会做饭送餐,方方面面自给自足。在国家人民群众生命财产受到危害之时,我们志愿者挺身而出坚持到最后,获得社会各界和各级领导的好评。

一年来,我们坚持与政府各部门配合,顺势而为。我们与扶余市农业农村局对接,发挥人员多、分布广的特点,在乡村振兴中打造志愿者品牌;我们还与公安、消防部门密切配合,发放传单,讲解交通安全、防火安全知识,挨家挨户给农用车粘贴反光贴。省消防总队在弓棚子镇召开全省消防工作会议,我和志愿者张楠做现场解说。弓棚子镇志愿者多次参加消防活动,受到省消防总队的赞誉。这些活动为我们后来与政府多部门合作积累了丰富经验,同时也提升了我们的知名度。

一年来，我们坚持扩能增效，强化能力建设。各分会增加育苗大棚面积，增加花苗培育数量。在董桂芬荣誉会长的大力协调下，剩余的花苗全部售出，使我们培育花苗的心血没有白费。但这背后，董会长也付出了很多的心血，因为寻找销售渠道也是非常不容易的。董会长每时每刻都关注着大家的生活冷暖，关注着团队的发展。她多方筹集资金建设协会民宿，目的是拓展协会的功能，增加协会的收入，打造文化特色，促进文旅发展，打造志愿者品牌，增强我们协会的辐射带动作用。我们的民宿已经由市委宣传部领导揭牌，成为扶余市新时代文明实践中心教育示范基地。今年就有部分党政机关干部和学校师生来这里考察调研，倾听我们的事迹和经验。我们这里将成为群众参与社会治理的调研基地。由此可见，我们的志愿服务事业大有可为，大有发展。

一年来，我们不忘乡亲，坚持邻里互助。特别值得一提的是，志愿者为身处困境的赵超筹措种地款。倡议发出后，大家积极踊跃相助，短短几天，协会就收到了20多万元。这体现了志愿者齐心协力，手足情深的博爱情怀，也体现出大家不离不弃的团队精神，彰显了我们团队和谐友善的凝聚力和向心力。人心齐、泰山移，只有拥有强大凝聚力的团队才能攻坚克难，勇往直前，取得更大、更好的成绩。

我们在看到成绩的同时，也清醒地认识到，我们这个团队还存在很多不可忽视的问题。例如：有的志愿者不善于学习，理论水平提高得不快；有的志愿者志愿服务的信念不坚定，不能经常参与志愿服务活动；有的分会长胸怀不宽，雅量不足，不能认真倾听不同意见；有的分会长不善于交流沟通，不善于调动志愿者的积极性。这些问题，我们要在今后的工作中认真改进。

社会在发展，时代在前进，作为社会组织，我们要认清形势，提高政治站位，与时俱进。在新的一年，我们要侧重做好以下几项工作。

第一，加强思想道德修养。紧紧围绕乡村振兴战略，开展系统性的国学经典学习，提高个人的思想道德素质，加强队伍建设，增强团队的战斗力和凝聚力。

第二，全力打造新时代文明实践中心教育示范基地，使其真正发挥引领作用。市委把我们这里定为扶余市新时代文明实践中心教育示范基地，意义深远，责任重大，我们一定要认真对待。协会要定期举办道德宣讲培训班，，培养一批素质高、有担当、责任心强的宣讲人员,组建文艺表演与道德宣讲相结合的团队。协会将继续带领广大志愿者努力传承传统美德,自觉提高自身素质,树立团队形象,打造和谐共生的文明团队。各分会要对前来调研和参观的人热情接待,讲好自己的故事,讲好村庄发展史和优秀志愿者的突出事迹,使他们深入了解我们这个团队,了解我们的做法和作用,让道德文化理念深入人心,让更多的人力行道德文化,从而推动乡风文明在更多的村庄生根发芽。

第三,抓住帮扶共建机遇,增强协会的带动辐射作用。2022 年,我们与永平乡 19 个村结对共建,这项工作非常有意义。2 月 16 日,我们到永平乡参加了结对共建对接工作会议,会后还有很多工作要做。各对接分会务必把这项工作做实做细做好。要经常与结对村屯联系、沟通,把我们的好经验和好做法分享给他们,帮助他们把自己的村屯建设好,做到互相促进,共同发展,真正发挥我们的带动引领作用。

第四,积极配合村党支部,带动群众把乡村振兴战略落实好。我们要积极与村党支部联系,主动接受村党支部的领导,认真完成村党支部交给的工作任务。要与村民保持血肉相连的良好关系。遇到问题,要有忍辱之度,容人之量,不要与村民产生对立和冲突。要知道,团结才有力量,团结才能把事情办好。分会长之间要多交流,多沟通。要取人之长,补己之短,提升自身能力。我们要和村党支部一起,团结一切可以团结的力量,把自己居住的村屯建设好,把乡村振兴战略落到实处。

空谈误国,实干兴邦,力量生于团结,幸福源自奋斗。让我们高扬理想信念的旗帜,凝聚万众一心的伟大力量,保持勇毅笃行的坚定信念,展现虎虎生威的雄风,把我们的志愿服务工作进一步做好,争取在新的一年取得更多的新成绩!

美丽乡村的美丽女性

讲述者：初雪飞①

关于扶余市精神文明志愿者协会，我印象最深的是 2018 年 11 月份去弓棚子镇双胜村香水泉屯驻村调研一周的经历。我参加的是松原市（扶余是松原管辖的县级市）秋季干部培训班二组。2018 年 11 月 5 日抵达之后，我们上午在村委会和村干部、村民代表以及所住农户户主召开对接会，讲明了工作任务，部署了一周的行动方案。下午，我们参观扶余市美丽乡村示范区建设情况，走访了双胜村、新红村、丛林村，在王家村和志愿者座谈，深入了解当地"草根"宣讲员、精神文明志愿者所做工作带来的变化。在调研活动中，我印象最深的就是扶余乡村有一群美丽的劳动女性。女性的美绝不仅仅取决于外表。到了香水泉屯，你就能更深刻地体会到这句话的真正内涵。看着如此优雅整洁的环境，你会从内心佩服这些普普通通的农家妇女，是她们用双手日日如同绣花一般，创造着自己的家园。没有浓妆艳抹，但她们的内心却是无比美丽；没有豪言壮语，但她们是那样的勤劳、善良。每天都充满了正能量，过得是那么的幸福那么的充实。最重要的是，那种无私奉献的精神，持之以恒的态度，不亲眼见到，你是很难相信的。

一说提供"免费午餐"40 年的刘老太。这得从刘佩文老人说起，她是香水泉屯宣讲仁义道德的第一人，也是将宣讲践行了 40 年的基层乡贤。她当然算不上美丽，80 岁，满脸皱纹。但她又是最美丽的，她为道德宣讲事业奉献了所有的精力与热情。为了方便学习传统文化的学员，不管十里八村，还是路途遥远，只要到她家听课的人，她都供饭。即便是吃饺子，也至少做 4 个菜。而她自己家里平时只吃大碴粥，喝酸菜汤。因为她家只靠两垧多承包田生活，还要供

---

① 初雪飞，扶余市政协副主席。

几个孩子读书,经济条件可想而知。但她坚持让听课的人吃好,认为这是待客之道。随着志愿者队伍的逐渐扩大,刘佩文老人承受的供饭压力逐渐由本村其他志愿者分担,他们从自家拿米拿面招待外来客人。现在学员渐渐理解了香水泉村民的难处。部分学员学习完会主动交 10 元 20 元的饭钱。但这事儿要背着刘佩文,否则,违背待客之道,她是会发脾气的。

二说一套坚持了 20 年的饭班子。这套饭班子从 1999 年开始就为志愿者劳动队伍、讲课队伍义务做饭,一做就是 20 年。活动搞到哪里,她们的身影就出现在哪家的厨房里。有时候,她们一上午忙着做 60 多桌饭菜。核心人物是村里有名的"小辣椒"周亚凤、孙万贤。她俩原来对婆婆不好那是有名的。然而,她们在接受了道德教育之后,成了村里活动的主力。还有陈玉凡、温秀枝。陈玉凡是邻屯的,患有严重腰疾,但是只要香水泉屯有活动,立马帮着做饭。负责焖饭的两位老大妈如今已经去世了,但是饭班子还在,奉献的精神没丢。而且说实话,志愿者离开孙万贤她们这个饭班子还真不行。多年的做饭经验让她们练就了"精准判断"的本领。多少人用多少食材,拿捏得很精准。肯定一点不浪费,还让大家吃得乐呵(开心),吃得健康。在我们驻村期间,她们也一直负责驻村干部的饮食,荤素搭配,真叫一个香。单看人家用油就是有讲究的:什么牌子的油,适合过油,什么菜必须用自家的花生油,什么油能炸辣椒油,用于凉拌……那说起来话可就多了。谁切凉菜,谁负责炒菜,可谓井井有条。

三说一支围纱巾的瓦工队。眼前的香水泉屯仿佛桃源仙境:整齐划一的文化墙,美丽乡村墙体宣传画,平坦整洁的柏油树……作为扶余市委宣传部负责建设的美丽乡村示范区,现在,这里条件好,有机械,有专业施工队,有上级领导督察。可 20 多年前,长春市企业家王弘岐义务投资修路的时候,都是村民自己出的工。因为家里田地不多,村里很多男劳力外出打工,所以上工修路的绝大部分都是香水泉屯的妇女和附近村屯志愿者。因为风沙大,工地上的妇女们都围着纱巾。王弘岐打趣地说:这支修路队可不一般,简直就是"纱巾施工队"!一锹一锹装沙子,再一块一块摆砖头,手套磨破了就露出了手,手磨出了血泡,血泡再磨破……腰酸背疼不用说,但是香水泉的女人们高兴,这是给自己干活,以后下雨孩子上学不愁了。这支"纱巾队"干活总是一马当先,这种精神带动了更多的男劳力,无论大小活动,他们只要在家,都会加入这支队伍来。前几年新红村九间房发生了龙卷风,导致 40 多农户房屋被毁坏,志愿者火速赶往现场,

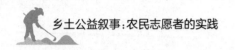

按受灾轻重程度不同明确分工，利用3天时间，帮助灾民们恢复了家园。

四说一群心灵手巧的园艺师。眼前的香水泉屯：鲜花绕村，蜂蝶嬉戏；花贯全村，延伸至东三里，西三里，芬芳扑鼻，一派迷人景象。这都是香水泉屯的女人们用心经营的，她们把家园变成了大花园，将筛子过土，过碳，再粉碎牛粪，按照比例装进营养钵。花苗炕头上育，5月份移入营养钵，尤其注意通风换气，防冻保暖。"六一"之前，必须移栽村路旁。香水泉的农家妇女们给我们介绍育花过程，如数家珍。是啊！每项劳作都需要细致精心，都要依靠香水泉的女性们。年近60岁的孙万贤曾经风趣地说："人家雨休我不休，群里发信一起走。育花棚里清杂草，夏天才有好看头"。50多岁的周亚波也曾经告诉我，刚干完自家地里的活，就要趁雨天侍弄花苗，累得腰都直不起来，但是想到夏天，来参观的外地人纷纷夸小村美，心里就美出了花。她们不是园艺师，却用勤劳的双手，培育出如火如荼的串红，灿烂若金的万寿菊，紫金贵气的鸡冠花。

发展志愿服务,建设和美乡村

讲述者:徐建宇①

2022 年 7 月 25 日,扶余市委召开"推进新时代文明实践中心建设暨志愿服务包保结对共建工作大会"。之后,我先后到志愿者分布多、活动开展好的乡镇和社区参观调研。

参观调研增进了我对志愿服务团队的了解。在参观调研中,我看到,扶余市的志愿者群体不断扩大,志愿服务频次不断增多。志愿服务的范围已拓展到社区建设、扶贫济困、医疗教育、扶弱助残、环境保护、文化体育和救灾抢险等众多领域,对推进精神文明建设、推动社会治理创新、维护社会和谐稳定、增进民生福祉发挥了重要作用,产生了巨大的社会效益。尤其是分布在扶余市农村一些村屯的精神文明志愿者,积极配合村党支部,在村屯环境整治、邻里守望相助、弘扬传统美德方面,起到了非常大的作用。志愿者多的村屯,村容村貌和村风都特别好。在疫情防控的特殊时期,无数志愿者在战"疫"中挺身而出,坚守在社区、医院、车站、路口、街巷。可以说,哪里需要,哪里就有志愿者的身影。志愿者走进社区、走进乡村,充分彰显了理想信念、爱心善意、责任担当,生动地体现出人民有信仰、国家有力量、民族有希望。这使我深刻地认识到,发展志愿服务,是社会文明进步的重要标志,是加强精神文明建设、培育和践行社会主义核心价值观的重要措施。

通过参观调研,我认识到发挥农民主体作用的重要性。中央提出实施乡村振兴战略意见后,各地高度重视。省、市多次下发文件,要求认真贯彻落实。我们乡积极响应上级号召,采取多种措施落实。尤其在农村人居环境整治和美丽乡村建设方面投入了大量人力、物力、财力。以往,各村的环境保洁工作全都雇人干。面积大的村,每年仅保洁这项工作,支出就超过 5 万元钱,但人居环境改

---

① 徐建宇,扶余市永平乡乡长。

善的收效却不太显著。而我市更新乡、弓棚子镇志愿者多的村屯，环境保洁工作都是志愿者主动承担，根本不用村上花钱。这使我深刻地认识到，实施乡村振兴战略，必须组织、发动、带领、引导群众和我们乡（镇）村干部一起干。如果不调动农民的积极性，只是干部跑来跑去，忙来忙去，很多工作都会事倍功半，半途而废。因此。我决心把发动农民参与志愿服务、农村人居环境整治和"和美乡村"建设结合起来，以建设文明、和谐、美丽、宜居乡村为导向，以农村垃圾、污水治理和村容村貌提升为主攻方向，动员各方力量，整合各种资源，强化各项举措，尽快补齐农村人居环境整治中的短板，为实施乡村振兴战略打下坚实基础。

因此，我按照我们永平乡党委的要求，认真落实扶余市委召开的"推进新时代文明实践中心建设暨志愿服务包保结对共建工作大会"精神，带领全乡各村的党支部书记、村委会主任和部分村民骨干，主动与市精神文明志愿者协会对接。旨在通过基层党组织的引领，通过精神文明志愿者的带动，使永平乡广大农民能够深化自我教育，优化自我管理，主动移风易俗，自觉改善村容村貌；使志愿服务在我们永平乡蔚然成风；使优美的生活环境、文明的生活方式成为农民内在而自觉的要求。

在对接会上，我要求全乡各村的党支部书记和村干部全力以赴、扎扎实实开展工作，尊重精神文明志愿者协会，主动联系志愿者团队与我们对接的负责人，采纳他们的建议，借鉴他们的做法，争取短期内有收获、见成效；积极配合精神文明志愿者协会，协会提出开展各项活动的思路和举措时，各村要积极采纳，广泛参与，争取尽快壮大永平乡的志愿服务队伍，打造一支过硬的志愿服务生力军；向精神文明志愿者学习，以他们为榜样，主动开展人居环境整治、邻里守望相助、弘扬传统美德活动，将志愿服务精神融入我们的工作与生活，争取把我们永平乡的 19 个村都建设成新时代的"和美村庄"。

我们村能有今天,志愿者功不可没

讲述者:滕丽颖[①]

我们下沟村位于扶余市肖家乡西部,全村共有 320 户,常住人口 1 031 人。2000 年前,我们村是远近闻名的后进村。村里的卫生环境也不好,村民不参加公益劳动,卫生全都雇人清理。好多工作都是村干部急得团团转,村民站在一边看。

2003 年,我们村村医李英海、村民赵政武带头在村里义务清扫街道、清理垃圾。他俩一边干,还一边向村民讲"自己的村子得自己建,建好了村子自己受益"的道理。一些村民在他俩的说服带动下,陆续投入清理生活垃圾的义务劳动之中,极大改善了我们村的脏乱环境。

李英海等人还向村党支部提出,请王家村的道德模范张利到我们村来讲道德课,引导群众向文明村王家村学习,村党支部大力支持。张利老师先后四次来我们村讲道德课,许多村民听了张利老师关于"孝、悌、忠、信、礼、义、廉、耻"等中华优秀传统美德的宣讲,开始参与改善村容村貌的义务劳动。他们在李英海和赵政武的带领下,在村里植树栽花、修路安灯,使村容村貌村风发生巨大变化,连上访告状的人都减少了。

不间断的道德宣讲,改变了一部分村民自私落后的思想观念,我们村涌现出一大批孝老爱亲、邻里守望的好人好事。每逢端午、中秋、春节等传统节日,村民们都包饺子、买水果、做新鞋,到附近的社会福利院和村里的孤寡老人家里慰问,使越来越多的人感受到了乡风文明带来的温暖。

李英海等人的行动,使我们村干部非常感动。同时我们也意识到:农村工作必须依靠群众。没有群众的支持,很多工作都难以落到实处。乡贤具有引导群众改变村屯面貌、崇德向善、改变人的思想的作用。于是,村党支部把李英海

---

① 滕丽颖,扶余市肖家乡下沟村党支部书记。

等人树立为先进典型，让他们开设道德讲堂，义务宣讲社会主义核心价值观，引导村民爱党、爱国、爱村、爱家；讲文明、讲礼貌、讲道德、讲奉献，用看得见的人和事，引领群众遵德守法，无私奉献。

2011年，市里成立了精神文明志愿者协会，我们村将近100人报名。我们抓住这个契机，依托精神文明志愿者集中开展村容村貌整治。村干部通过广播、板报、宣传栏等形式开展宣传教育，引导村民改变垃圾乱扔乱倒、脏水乱泼乱倒、柴草乱堆乱放的陋习。志愿者集中开展义务劳动，把村内的垃圾堆通通清除出去修上花坛；在村内的绿化带中统一植树栽花，使我们村的环境焕然一新。

村里的变化，使我们村干部看到了志愿者的力量，也更加信任和依靠志愿者。村里无论开展什么工作，都事先与村里的志愿者骨干沟通，认真听取和采纳志愿者的意见。例如，我们想在主路修排水沟，但村里没有那么多钱，就找志愿者商量。最后，村委会拿出10万元钱购买红砖，志愿者带头义务出工。结果不到10天时间，就把村里长达2000米的主路两侧全都修上了排水沟，解决了村内排水难的问题。我们村地势低洼，村里有8条大沟。一到雨季，大沟污水横流，严重阻碍村民出行。村干部想解决这个问题，但苦于资金不足。我们就和志愿者商量，由村委会出资4万元，2万元雇车，2万元购买水泥排水管，其他费用和人工，由志愿者承担。志愿者二话没说，立刻出人出车，拉土垫沟修护坡。他们起早贪黑，利用一个夏季的时间，修好了村里的8个大沟。

为了爱护、保护和调动志愿者的积极性，村里没钱时，我们就对志愿者给予精神鼓励；村里有钱时，我们就对志愿者给予资金支持。2019年，村里给志愿者购置了一台铲车，用于垃圾清理。从2019年开始，村委会每年给志愿者拨5万元钱的环境卫生管理费。2022年，村上为志愿者购买了三台电动三轮车，用于每天清晨挨家挨户收集垃圾，使垃圾日产日清。2023年，村委会投资20万元，为志愿者配备了一台洒水车用于浇花，配备了一台清运车清运垃圾。

我们对志愿者的尊重和鼓励，对志愿服务工作的重视和支持，使志愿者备受鼓舞，参与环境建设的积极性空前高涨。仅2020年以来，志愿者就带动村民捐款更换路灯500多盏，义务植树1700多棵。每年无偿培育花苗4万多棵，买吊花4000多棵，用于主副街道的美化。他们还捐款30多万元，买红砖硬化村里的大街小巷，总计硬化街巷3500多延长米，硬化面积将近1万平方米。

我们下沟村的变化,干部群众有目共睹。2022年,我们村被评为市里的乡村振兴示范村。市政府出资把我们村3000多延长米的巷路全部修建成水泥路,无偿拨给我们排水沟U型槽4200余米。还给我们建高标准院墙520米,围栏860米,多功能文化广场2个,使我们村的基础设施得到完善。

扶余市委、市政府的关爱,使我们村的干部群众精神振奋,参与志愿服务的劲头更足。我们商量决定村委会统筹出资购买混凝土、磨光机、振动器、养护薄膜和机油等用料,志愿者带动村民义务出工,把主街的水泥路面加宽,以方便人车通行。2023年5月24日,主路加宽工程正式启动。村干部和全体志愿者及部分村民一起动手,大家起早贪黑,利用半个月的时间,保质保量地完成了这项工程。

我们下沟村改变脏乱差环境,甩掉"刁民村"的帽子,迅速跻身于文明村、乡村振兴示范村的行列,精神文明志愿者功不可没。没有他们多年来的无私奉献,仅靠我们几名村干部忙活,是绝对不会有今天这个成果的。

工作实践使我们村干部深刻地体会到新时代的农村干部群众要加强团结,经常联系,不断沟通。村干部和村民不能搞对立,不能互相埋怨,互相挑剔,应当经常坐在一起,对村里当前的工作,今后的发展,进行认真的研究。村党支部要发展志愿者,依靠志愿者;志愿者要支持村党支部,维护村党支部。我们要继续依靠志愿者,通过志愿者进一步带动和引领村民投身于村里的各项事业建设,努力把我们下沟村建设得更加文明、和谐、美丽。

第二部分　自创乡土志愿服务培训手册

　　精神文明志愿者协会名誉会长董桂芬,结合自身几十年作为县委宣传干部的工作经验和体悟,自创农民志愿服务培训手册。本书第二部分摘录的是手册的主要内容。该手册作为乡土公益教材,指导乡贤在道德讲堂活动中,从农民的生活和家庭等角度,对志愿服务的目的、给自身和村庄带来的益处,以及孝、悌、忠、信、礼、义、廉、耻传统美德等内容进行宣讲。同时,作为一种关于乡土志愿服务的地方性知识,集以成册使之得以固定和传承下来。研究者可以从中提炼和总结农村志愿服务和农村公民道德建设的核心内容和规范,有助于政府和学界从"农民"自身的角度,在顶层设计方面,完善中国式农村志愿服务体系,推进乡村文化振兴。

精神文明志愿者应掌握的志愿服务内容

关于志愿服务

① 精神文明志愿者协会是什么时间成立的?

2011 年 5 月 20 日成立。

② 精神文明志愿者协会总共有多少个分会,多少人?

总共有 67 个分会,3 600 多人。

③ 精神文明志愿者是什么意思?

立志并愿意带头说文明话、办文明事、做文明人,带头加强精神文明建设的人。

④ 精神文明志愿者协会的宗旨是什么?

弘扬中华文化,传承传统美德,助推精神文明,共建和谐家园。

⑤ 精神文明志愿者协会的志愿服务精神(口号)是什么?

团结、互助、奉献、共建。

⑥ 精神文明志愿者协会的工作目标是什么?

加强群众工作、创新社会治理、构建和谐社会。

⑦ 精神文明志愿者协会的主要工作任务是什么?

改善居住环境,关爱帮助乡邻,营造文明乡风。

"改善居住环境"是指,组织植树、栽花、修路、安灯、维护环境卫生等净化、绿化、亮化、美化生活环境的公益劳动,引导人们积极参与"美丽村庄"和"美丽社区"建设。

"关爱帮助乡邻"是指,关心、爱护、帮助身边的人,对孤寡、残疾、丧失自理能力以及在生产、生活中突然遇到困难的乡邻,及时伸出援助之手,帮他们渡过难关。

"营造文明乡风"是指,义务宣讲社会主义核心价值观,引导人们爱党、爱国、爱家；讲道德、讲法纪、讲卫生；说文明话，办文明事，做文明人；宣讲法律、法规，引导人们提高法规意识，遵纪守法，照章办事；宣讲中华优秀传统文化，引导人们常思"孝、悌、忠、信"，常温"礼、义、廉、耻"，做到"己所不欲，勿施于人"，努力营造幸福家庭，积极构建和谐社会；举办群众性文艺体育活动，寓教于乐，引导人们增强体质，增进团结，树立集体主义观念，做到互敬互爱、互帮互助。

⑧ 何为说文明话？

说实话，说好话，说利于团结、利于社会和谐的话。

⑨ 何为不文明的话？

脏话：不堪入耳的带脏字的话。

恶话：恐吓、诽谤、污蔑、讽刺、挖苦、尖酸刻薄的话。

假话：本来就没有的事，骗人的谎话。

闲话：说东家长，讲西家短；言这个好，道那个孬。

花言巧语：虚伪动听、华而不实的话。

⑩ 为何要说文明话？

俗话说："病从口入，祸从口出。"我们每个人的烦恼和痛苦，人与人之间的矛盾和隔阂，多半都来源于这张嘴，来源于不说文明话。《弟子规》说："凡出言，信为先；诈与妄，奚可焉；话说多，不如少；惟其是，勿佞巧；奸巧语，秽污词，市井气，切戒之；见未真，勿轻言；知未的，勿轻传。"意思是：凡是开口说话，首先要讲诚信。说话骗人或说出的话荒诞不经，这怎么可以呢？话说得多不如说得少，所说的话一定要符合事实，不要用花言巧语去讨好别人。虚伪奸诈的话，肮脏不洁的言辞，无赖狡猾的习气，务必彻底戒除。① 这就是告诉我们什么该说，什么不该说。我们要牢记这些，管住自己的嘴，做到不说脏话、恶话、假话、闲话，不花言巧语，不给自己添堵，不给他人添乱。因此，说文明话，是我们每个人必修的功课，也是我们精神文明志愿者应该带头做好的事。

⑪ 何为办文明事？

办文明事就是从小事、身边事、力所能及的事做起，办利于群众、利于社区、利于村庄、利于国家、利于社会的实事、好事。当前，住在农村的我们，应该实施党的"乡村振兴战略"，着重做好改善居住环境，关爱帮助乡邻，营造文明乡风等

---

① 冯国超译注：《弟子规》，北京：商务印书馆，2022年版，第44页。

文明事。

12 何为做文明人？

文明人首先要做到以下几点：

一是不酗酒。酗酒就是无节制地饮酒；喝酒后耍酒疯。《弟子规》说："年方少，勿饮酒。饮酒醉，最为丑。"意思是：年纪小的人，不要喝酒，人喝醉了酒，是最丢丑的事情。[①] 告诫青少年不要饮酒。年长者，也不要过度饮酒。人们常说小酌怡情，大酌伤身。酒不是不能喝，有些医生，还用酒做药引子，给病人治病。但不能多喝，因为饮酒无度，会伤及身体，还会做出有伤大雅甚至犯罪的事。所以人们说酒壮熊人胆，借着酒劲儿，不敢说的话说了，不敢做的事做了。酿成了恶果，醒酒后后悔也晚了。因此，我们要饮酒有度，切不可过量。更不要嗜酒如命，酗酒闹事。

二是不赌博。赌博和酗酒一样，使人丧失斗志，浪费时间，损害身体，伤害家庭。很多夫妻因为赌博而离散；很多家庭因为赌博而解体。我们经常看到，农村有的人外出打工，辛辛苦苦干了一年，赚了几万元钱。年底回来，一个正月输得精光。自己凄惨不说，还遭人耻笑。所以，我们千万不要染上赌博的恶习。

三是不偷盗。《弟子规》说："用人物，须明求。倘不问，即为偷。"意思是：借用别人的东西，必须当面请求；如果不请求就拿去用，这就是偷盗。[②] 偷盗是违法的，严重的，是要判刑的。因此，无论是公共财物还是私人财物，凡是不属于自己的，一律不能侵占。凡是不该得的，别人不给的，就不该自己去取，更不该窃取或诈取。包括偷税漏税、无票乘车、贪污舞弊等，都不要做。要做到不自盗，不教他人盗，也不羡慕别人偷盗。

四是不淫乱。就是除了自己的正式配偶外，不可与任何异性发生性行为，也不要有猥亵等任何淫秽肮脏的行为。淫乱是最容易导致犯罪的。看一些贪官的犯罪案例，很多的贪官都包养情妇。因为贪图美色，他们就不择手段地弄钱。弄来的钱，多数都给情妇花。最终东窗事发，锒铛入狱，有的还走上了断头台。好多家庭解体，也是起于淫乱。所以社会上流传这样一句话说："石榴裙下乱葬岗，色字头上一把刀。"为了自身安全、家庭和谐、社会稳定，我们一定要把

[①] 冯国超译注：《弟子规》，北京：商务印书馆，2022年版，第44页。

[②] 冯国超译注：《弟子规》，北京：商务印书馆，2022年版，第54页。

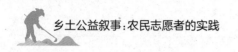

控好自己，千万不能淫乱。

五是不乱说。就是不要胡说八道。不要说那些不文明的、影响团结、破坏和谐的话。

六是做文明人。严格遵守国家的法律法规，认真践行社会主义核心价值观，努力传承"孝、悌、忠、信、礼、义、廉、耻"等中华民族传统美德，扮演好家庭和社会赋予我们的角色，履行好自己应该承担的责任和义务。

⑬ 为什么参与志愿服务？

参与志愿服务是为了把我们的国家建设好，使自己过上更幸福、更美满的生活。中央提出实现中华民族伟大复兴中国梦，制定实施乡村振兴战略，这都是为了让我们老百姓过上更幸福的生活。但幸福不会从天降，要靠中央和地方，干部和群众共同奋斗。我们参与志愿服务，就是在落实乡村振兴战略，就是在圆中国梦。在参与志愿服务的过程中，我们尝到了很多甜头，也更加深刻地认识到这是在为自己谋幸福。

⑭ 参加志愿服务的好处是什么？

第一，参与志愿服务有利于身体健康。我们居住的村庄环境整洁美观，邻里之间互相帮助，家庭里边上和下睦，人们的心情肯定愉悦。心情关系到健康。心情好，人就少得病或不得病，身体就健康。相反，我们居住的村庄，到处都是垃圾和柴草，村民出门就看垃圾堆，闻臭味；邻里之间老死不相往来，谁都不帮谁；家庭里边，父不慈子不孝，夫妻不和睦，整天生气烦恼，人的心情肯定不好。心情不好，人就易得病，身体就不好。

第二，参与志愿服务有利于提高个人素质。我们农民同胞，很多人都非常聪明，有的人表达能力很强，有的人综合水平很高，有的人能歌善舞，有的人能写会画。可是很多人的才华没有发挥出来，很多人的潜力没有挖掘出来，一辈子就这么默默无闻地度过了。为什么这样？就是缺少历练和展示的平台。我们精神文明志愿者，几乎都是农民。10年前，一些人都不敢在人前大声说话，大会发言就更不敢了。现在，我们这支队伍有些人面对上千名听众，可以脱稿说上十几分钟甚至二十几分钟。有些50岁左右的农村妇女，拿起扫帚能扫街，进入大棚会育花，登上舞台能表演，有的还能编导相声和小品，赢得了人们的赞美与尊重。我们的变化为什么这么大？素质提高为什么这么快？就是因为我们利用志愿服务这个平台，不要报酬、不计得失地奉献、锻炼，才有了今天这份自信、这份能力。我们农民如果都能参与志愿服务，利用好志愿服务这个平台，充分展示自己的才华，发挥自己的专长，就会迅速提升自己的素质，使自己在社会上发挥更大的作用，也会得到人们的尊重与爱戴。

第三，参与志愿服务有利于家庭和睦。在我们农村，很多家庭，夫妻俩吵架乃至离婚，有些是因为男方赌博酗酒不务正业。在我们志愿者队伍中，有的人原来就喜欢打麻将、看小牌，喝小酒，导致夫妻俩总打架，家里一天到晚乌烟瘴气，闹得孩子没人管，老人不省心。这些人加入志愿服务团队后，经常参与公益活动，经常听道德宣讲课，逐渐改变原来的不良嗜好。他们变好后，还带动配偶乃至全家人参与志愿服务，一家人志同道合，互敬互谅，互相包容，家里变得非常和睦。例如南岭村的刘耀山，原来吃喝嫖赌抽，阴损毒辣坏，弄得家人嫌弃外人恨，妻子也要和他离婚。夫妻俩通过参加志愿服务，现在变成人人羡慕的好家庭。夫妻俩和和睦睦，带头在村里扫街、修路、安灯、植树、栽花。家里收拾得井井有条，小日子过得非常好。这样的例子很多。事实证明，参与志愿服务活动，能够增进家庭成员之间的感情，有利于家庭和睦。

第四，参与志愿服务有利于子女健康成长。我们志愿者在义务劳动时都带着没上学的孩子。在这样的环境中，这些孩子像玩耍一样地参与义务劳动，从小就培养公德心。我们志愿者家上大学的孩子，节假日回家，都和父母一起扫街、清雪，一起美化村子，一起参加慰问社会福利院等公益活动。在疫情防控期间，在家休假的大学生和我们志愿者一起，轮班到村里的卡点值班。孩子们在这样的环境中成长，不仅锻炼了身体，还提高了公德意识。我们很多志愿者的孩子，在学校都是优秀学生，毕业后工作特别好找。王家、双胜、九间房等环境好的村庄，上大学的孩子暑假带着同学回家玩。那些外地学生看到这些村庄这么漂亮，都羡慕地说："你们的村子真漂亮！你们的爹妈真有正事！"有的外地学生还说："我爸我妈整天打麻将，我们村子特别脏。说实话，我都不敢让你们去我们家，怕你们笑话。"父母是孩子的第一任老师，是孩子效仿的榜样。俗话说，有什么样的父母，就有什么样的子女。父母参与志愿服务，经常做好事、善事、利于大众的事，给孩子做出了好的榜样，耳濡目染，孩子就会有公德心，成为利于社会、利于大众的人才。相反，父母如果没有公德思想，自私自利，甚至吃喝嫖赌，不走正道，儿女在人前都抬不起头来。在这样的父母影响下，孩子不仅很难树立公德心，也很难成为利于社会利于大众的人才。

第五，参与志愿服务有利于子女找对象。现在，好姑娘都往大城市跑，小城市尤其是乡村，女孩越来越少。环境不好的地方，男孩找媳妇越来越难。有些到城里打工的男孩子，处了对象都不敢往家领，怕女朋友看见自己的家乡又脏又乱，和自己分手。那些居住环境文明整洁美观的村庄，子女的对象不仅好找，找的对象素质都非常高。例如王家、香水泉、九间房、伯小铺等村庄，女孩一到婚龄，介绍人特别多。因为很多人都知道这些村庄风气好，女孩子素质高、明事理。娶这样的好姑娘做媳妇，能够兴旺家庭。这些村庄的男孩子一到婚龄，介绍人更多。因为女孩子都愿意到文明美丽的村庄生活。所以这些村庄的男孩子找媳妇时，选择余地特别大，找的媳妇都非常好。俗话说：找个好媳妇旺三代，找个坏媳妇败三代，找不到媳妇家庭就衰败。所以说，志愿者多，志愿服务搞得好的村庄，对子女找对象都有利。

第六，参与志愿服务有益于体现人生价值。很多大德之人都说，人的一生，不能只为自己活着，也不能光为钱活着，应该做有意义、有价值、有利于社会大众的事。我们作为高级动物的人，不能只想自己，只为自己活着。在有房住、有饭吃、有衣穿，不再为生计发愁的时候，应该想着多做好事、多做善事，多做利于大众、利于社会的事。反之，吃饱穿暖之后，只想吃喝玩乐，甚至思淫逸、生是非，就和低级动物差不多了。有人说，我们是农民，一没权，二没钱，干不了大事，没法体现自己的人生价值。其实，人不一定有权、有钱才能体现人生价值。参与志愿服务，利用闲暇时间扫扫大街，清清垃圾，把自己居住的村子收拾得整洁美观，这也很有意义，也在体现自己的人生价值。我们精神文明志愿者都是普普通通的农民，既没钱也没权。但我们就是立足乡土，主动捐款，义务出工，改变了多年农民所习惯的垃圾满街、污水横流、臭气熏天的居住环境，在东北农村树起美丽乡村的样板，引来了众多的参观者，得到了人们的赞扬，受到了人们的爱戴。志愿者虽然名不见经传，但大家的人生很有意义，人生价值也得到了体现。实践证明，志愿服务是摆在我们每个人面前实现个人价值的机遇。不论谁，只要参与志愿服务，心甘情愿奉献，平凡的岗位，低微的地位，一样可以体现人生价值。一个人，只有做有意义、有价值的事，才不白活一回。我们农民如果都能参与志愿服务，抓住并利用好志愿服务这个平台，充分展示自己的才华和专长，就会迅速提高自己的素质，体现自己的人生价值，使自己在社会上发挥更大的作用。

　　上述事实说明,参与志愿服务,改善居住环境,建设和美乡村,不是与咱农民无关,而是息息相关。参与志愿服务,建设和美乡村,不仅关系到自己的身心健康、夫妇和睦、子女成才、子女婚姻,还关系到个人素质的提高、人生价值的体现。大家一定要破除"环境建设无用论和环境建设与己无关论",记住"自己的村庄自己建,建好了村庄自己受益"这个道理,迅速行动起来,积极参与环境建设。

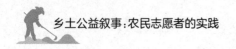

精神文明志愿者应掌握的传统美德内容

孝、悌、忠、信、礼、义、廉、耻，是中华优秀传统文化蕴含的做人做事的基本准则和操守，是中华民族的主要传统美德，也是社会主义核心价值观的重要组成部分，我们应该掌握其内容和内涵并落实在行动上。

孝

孝，就是子女恭敬奉养父母。常言道，百善孝为先。孝，是子女的第一要务，也是一个人必须履行的义务。父母千辛万苦把我们养育成人，恩深似海，德高如山。作为子女，必须对父母恭敬、孝顺。当父母年迈时，应该尽自己的一切力量奉养，这是天经地义的事。

有的人认为，孝顺父母就是给父母一些钱，或是给父母买点儿好吃的、好穿的。其实，这只是孝的一个方面。对父母尽孝，不但要在物质上奉养，还要在精神上抚慰。《论语》中有这样一段话："子游问孝。子曰：今之孝者，是谓能养。至于犬马，皆能有养；不敬，何以别乎？"意思是："子游请教孝行之道。孔子说：现在的所谓孝子，只是能够奉养而已。对于犬马也都能得到饲养；养而不敬，那么用什么来区别孝顺和饲养呢？"[1]这是说，如果对父母不恭不敬，只是在物质上供养，那和饲养犬马没什么区别！

怎么做才是孝呢？具体来说，孝分四个方面，即：养父母之身；养父母之心；养父母之志；养父母之慧。"养父母之身"是指，当父母年迈丧失劳动能力时，子女要对父母在衣食住行等物质方面进行供养。"养父母之心"是指，说话、做事，让父母顺心、舒心，在精神上愉悦。要按照《弟子规》说的去做："父母呼，应勿缓；父母命，行勿懒；父母教，须静听；父母责，须顺承。"意思是：听到父母的呼唤，要赶快答应。父母叫你做事情，要积极去做。父母教育你的时候，一定要恭

---

① 孔丘著，张铭一注译：《论语全集》，北京：海潮出版社，2007年版，第20页。

敬聆听。父母对你的批评责备，一定要虚心接受①。"养父母之志"是指，尽可能地满足父母的希望和志向。《弟子规》说："亲所好，力为具；亲所恶，谨为去。身有伤，贻亲忧；德有伤，贻亲羞。"意思是："父母喜欢的，要努力替他们办到；父母讨厌的，要小心地替他们去除。身体受到损伤，会使父母担忧；品德上有污点，会使父母蒙羞。"②为人子女，对于父母喜欢的事，只要是正当的，就要尽量满足；对于父母厌恶的事，要尽量避开，要尽自己所能，满足父母的希望和要求乃至喜好。子女的身体如果受了伤，父母是非常担忧的。所以一定要保护好自己的身体，使其不受到伤害，免得父母为此担忧。同时要注重自己的品德修养，不做伤风败德的事，免得父母蒙受耻辱。"养父母之慧"是指，当父母犯了过错时，要和颜悦色地指出来，同时向他们讲明道理，使父母增长智慧，改正过错。《弟子规》说："亲有过，谏使更；怡吾色，柔吾声。谏不入，悦复谏；号泣随，挞无怨。"意思是："父母有过错时，要劝告他们改正。劝告时，脸色要和悦，语气要柔和。父母如果不听劝告，就等他们高兴时再劝。若是还不听，就要大声哭着相劝。即使父母因此动手打你也不要有怨言。"③父母虽然是我们的长辈，但他们也会犯错。尤其是随着时间的推移，父母逐渐变老，思想比较僵化保守，对一些先进事物接受理解缓慢甚至抵触抨击，这时，子女就要耐心地对他们进行劝导。父母如果犯下过错，做子女的要真诚温和地恳求父母改过，使父母明理增慧。劝导时，一定要和颜悦色，切不可表现得不耐烦，更不能态度生硬或训斥。现在，很多做子女的对"孝道"这个词淡化了，有的家庭已不讲孝道，这是很不道德也很危险的。俗话说"父母养我小，我养父母老"，这是人类维持生存、延续生命的定律。为人不可无孝，无孝如树无根，水无源。俗话说：孝顺还生孝顺子，忤逆还生忤逆儿。这是被无数事实证明了的循环理，我们切不可忘记。

悌

悌是指兄弟姐妹之间要互敬互爱、互帮互助、相互包容、彼此忍让；兄弟姐妹要共同赡养父母，不争父母的遗产。

---

① 冯国超译注：《弟子规》，北京：商务印书馆，2022 年版，第 8 页。
② 冯国超译注：《弟子规》，北京：商务印书馆，2022 年版，第 15 页。
③ 冯国超译注：《弟子规》，北京：商务印书馆，2022 年版，第 19 页。

兄弟姐妹是一母所生，共乳成人，情同手足，是世上最亲最近的人。《弟子规》说："兄道友，弟道恭；兄弟睦，孝在中。"兄弟姐妹之间能够互敬互爱、互帮互助、相互包容、彼此忍让，这也是对父母尽孝。① 反之，则是不孝。因为兄弟姐妹都是父母的心头肉，如果彼此之间不和睦，互相不尊敬、不疼爱、不包容、不忍让、不帮助，甚至不往来，父母看在眼里，会很难过、很伤心。

"互敬互爱"是指哥哥姐姐要关爱弟弟妹妹，弟弟妹妹要恭敬哥哥姐姐；"互帮互助"是指兄弟姐妹之间要互相关心，互相帮助。谁要有了难处，其他人都要伸出援助之手，帮助渡过难关，切不可不闻不问，更不能老死不相往来。"相互包容"是指兄弟姐妹之间要相互包容各人的个性和缺点。常言道："一母生九子，九子各不同。"兄弟姐妹虽是一母所生，但脾气秉性各不相同，各有各的优点，各有各的缺点。相互之间不要挑剔，不要排斥，要包容各人的个性和缺点，学习各人的优点和长处，做到取长补短，完善自己。"彼此忍让"是指遇到问题或发生矛盾，要互相忍让。切不可揪住一点，不及其余。父母是兄弟姐妹共同的父母，兄弟姐妹不管多与少，都有赡养父母的责任和义务。在父母年迈丧失劳动能力时，要共同赡养。要根据各自的条件，做到有钱的出钱，有力的出力。兄弟姐妹携起手来，共同把父母侍奉好。切不可互相攀比，彼此推脱，不尽赡养父母的义务。父母百年以后，兄弟姐妹不要争夺父母及祖辈积攒的家产和钱财。古人说："好男不争财和产，好女不争嫁时衣。"千万不要做出父母尸骨未寒，就为争夺遗产大打出手的丑事，令世人耻笑。俗话说："家庭是一个人的演练场。"我们每个人的生活习惯和为人处世的方式方法，多半都是在家里养成的。在家里养成了关心帮助、包容忍让的修为，我们踏入社会后，自然对周围的人存有一种恭敬心，自然乐于以礼待人，乐于帮助他人，乐于包容他人。这种有教养的人，走到哪里都能赢得众人的喜欢，获得他人的帮助，工作自然会顺利，人生自然会通畅。

忠

忠，即忠心耿耿，就是说，做事要真心实意，合理合法，至公无私；做人要光明正大，坦诚磊落，忠贞不屈。做到仰不愧天，俯不愧人，内不愧心。

---

① 冯国超译注：《弟子规》，北京：商务印书馆，2022年版，第25页。

古人说:"忠诚之心,人之大德。"忠诚是我国传统文化所推崇的基本道德范畴,也是衡量人品的基本标准之一。古人还说:天下至德,莫大于忠。古今中外概莫能外。一个国家失去了忠诚,将无法在世界立足;一个组织或政党失去忠诚,将不堪一击;一个人失去忠诚,那就谈不上有所作为,有所成就。我国从古至今,涌现出无数忠于国家、忠于民族的忠臣良相、志士仁人。杜甫的"安得广厦千万间,大庇天下寒士俱欢颜",文天祥的"人生自古谁无死,留取丹心照汗青",范仲淹的"先天下之忧而忧,后天下之乐而乐",都是他们忠于国家、忠于民族的写照。作为华夏儿女、炎黄子孙的我们,应当传承忠诚这一传统美德,做忠诚的实践者、守护者,让忠诚的品德深深植根于我们的心中。具体地说,我们应该从以下几方面做起。

第一,忠于中国共产党。没有共产党就没有新中国,没有共产党的正确领导,中国就不会发展这么快,就不会这么强盛,我们就不会过上今天这样的好日子。共产党一心为人民谋利益、谋幸福,时时处处为人民着想,所以我们一定要忠诚于共产党。

第二,忠于国家。国家国家,有国才有家。人们常说,国破,家亡。没了国,我们也就没了家。没了家什么样,看看战乱国家的难民,就知道了。所以我们要爱我们的国家,要忠于我们的国家,要把我们的国家建设好,任何时候都不能做出有悖国家、有悖国格的事。

第三,忠于职业。职业是一个国家为了维持社会正常有序运行,根据民众生存需要设定的大大小小不同的机构和活动。职业也是一个人乃至一个家庭赖以生存的基础,更是一个人实现自身价值的平台。一个人如果没有事业,很难在社会上立足,很难养家糊口,很难被人尊重。所以我们要忠诚于职业,尽心竭力地完成职业赋予我们的责任和义务。作为农民,我们的本职工作就是建设自己居住的村庄,经营自己承包的土地,生产各种农副产品。我们努力把自己居住的村庄建设好,把自己承包的土地经营好,精心种植粮食和蔬菜,生产好各种农副产品,为消费者提供无污染、无公害的粮食、蔬菜和各种农副产品,确保人们身体健康,这就是忠于职业。

第四,忠于家庭。常言道:家庭是一个人成长的摇篮、休憩的港湾、感情的寄托、奋斗的动力。没有了家庭的人,就像一艘没有方向的小船,漂泊不定,无依无靠又无助,随时都会沉没。所以,我们一定要忠诚于家庭,努力经营好自己的家庭，千万不要让自己的家庭破碎。经营好自己的家庭，必须忠于自己的配偶。因为配偶是与自己相伴相扶、共同生活的伴侣，是唯一与自己没有血缘关系，却能够和自己相濡以沫、同舟共济的人。没有配偶，一个人很难独自承受生活之苦；没有配偶，生活将失去很多欢乐和幸福，日子将过得索然无味。有配偶却不忠于配偶，那么这个家就没有幸福可言，很难经营好。因此，走进婚姻殿堂的人，一定要珍惜配偶，忠于配偶。要做到执子之手，与子偕老。切不可喜新厌旧，见异思迁，背叛配偶。

总之，无论对党、对国、对职业、对家庭，我们都要忠贞不二，做到"仰不愧天，俯不愧人，内不愧心"，踏踏实实过好自己的一生。

信

信，是指所言要正确无误，要无虚、无妄、无邪。

远古时代没有纸，更没有现代的各种电子传媒。所有的信息，包括人类从实践中总结出来的知识、经验、技能等，全靠语言传递。我们人类的很多知识、经验、技能等，都是用生命或鲜血换来的，非常宝贵。所以在传递过程中，说的人必须实事求是，不能有半点差错。信字就是这么来的，由人和言组成。历史发展到今天，随着社会的进步和科技的发展，信息传递的手段越来越多，越来越快。随之而来的是，虚假信息也多起来。特别是网络的发展，使得一些虚假信息无法控制。一些道德沦丧、不讲诚信的人，不但制造虚假信息，而且制造假货，给社会制造很多矛盾，对人类造成很大危害。在这种情况下，我们必须大力弘扬"诚信"这个优良传统。否则，社会就会乱套，国家就会动荡，我们都会深受其害。我们要带头做到言语诚实无欺，不说假话，不恶语伤人，不花言巧语，不搬弄是非；买卖恪守信誉，不掺杂使假，不坑蒙拐骗；与人交往以诚相待；言行一致，表里如一，说到做到。

礼

礼，是指礼仪，秩序，规矩，道德规范，行为准则。

礼是遵循社会的道德观念和风俗习惯，被大家共同遵守和施行的行为准则、道德规范，体现为礼仪、礼节、规矩等形式。这是对"礼"广义的定义。简单来说，礼是礼仪，是秩序，是规矩，是道德规范，是行为准则。有人把"礼"简单理解为"礼貌"或"礼品",这是对"礼"的狭义、片面理解。

人们说:国有国法,家有家规,没有规矩,不成方圆。大到国与国的往来,小到人与人的交往以及家人之间的相处,都离不开必要的礼仪和规矩。例如,外交礼仪、政务礼仪、服务礼仪、用餐礼仪、会议礼仪、教师礼仪、学生礼仪、家庭礼仪等,都是为了维持和约束一个国家、一个单位、一个家庭或一项工作有序运行的礼仪礼节、道德规范和行为准则。这里我们侧重讲讲家庭礼仪。自古以来,我们的家庭是有礼仪、有规矩的。传统"五伦"关系中的父子有亲、夫妇有别、长幼有序,就是家庭礼仪、家庭规矩。大家知道,家庭是社会的细胞,是人的第一所学校,家庭不讲礼仪,没有规矩,家教不严,家风不正,会导致社会风气不正。因此,我们一定要经营好自己的家庭,树立良好的家风,进行正确的家教。要做到这一点,我们应该从建立"家庭礼仪",树立"家庭规矩"做起。传统的家庭礼仪,合理的还是要加以发扬,不合理的要坚决剔除。然后结合新时代、新情况、新要求,赋予其新的内容。具体地说,应该做到以下几点。

首先,父子有亲。父母与子女之间有天然的骨肉之亲,父子之间要做到父慈子孝,这是亘古不变的自然之情,是一个人应尽的责任。"父慈"就是:父母要无条件地关爱子女。子女未成年时,为他们提供吃穿用,精心抚养他们长大成人;用良好的品德、情操、智慧和才能教育影响子女,使他们成为有德之人,有用之才。父母要给子女树立正确的做人做事的榜样,用良好的形象带动影响子女成长。用正确的方式方法教育子女。当子女犯了过错,不要只用简单的打骂的方法进行制止,应当向他们讲清犯了过错的危害。有人说孩子犯了错,就得打,棍棒之下出孝子。其实这是片面的。你不和他讲清道理,只是一味地打,孩子不明白自己这些过错导致的后果,以后他还是会犯类似的过错。所以,孩子犯了过错时,一定要给他讲清道理。夫妻轻易不要离婚,要给子女一个完整的家,给子女一份完整的爱。在任何情况下,都不要抛弃未成年子女。"子孝"就是:子女恭敬奉养父母。古人说百善孝为先。孝是人的第一重大义务。父母养育子女成人,德高如山,恩深似海。因此,子女应当对父母恭恭敬敬。当父母年迈丧失劳动能力时,子女应该尽自己的一切力量奉养。

其次,夫妇有别。意思是夫妻俩不仅要相互挚爱,还要做到内外有别,夫义妇德。传统观念是:丈夫属阳,妻子属阴。丈夫要有阳刚之气,妻子要有阴柔之美;要阴阳相合,刚柔相济,夫唱妇随。丈夫对妻子要有情有义,妻子对丈夫要温柔体贴；丈夫要担起养家糊口的重担，妻子要主动操持家务，相夫教子。旧社会，男尊女卑，男主外、女主内的分工非常明确。到了现代社会，男女平等，女人和男人一样在外工作，一样承担着养家的责任。在农村，农忙时，妻子多数也和丈夫一样到地里干活。在这种情况下，传统的男主外、女主内的分工就打破了，继而出现了夫妇没有分工，尤其是家务事没有分工的问题。有的家庭，夫妇俩谁豪横，谁就不做或少做家务。有的家庭，丈夫包揽全部家务，妻子啥也不做，还在人前显摆说自己在家里啥都不干。有的家庭，妻子包揽全部家务，丈夫下了班不及时回家，在外边吃喝玩乐。这种夫妇没有分工的状态，导致家庭矛盾不断，很多原本感情很好的也因此而分道扬镳。其实，在现代社会，虽然男女平等，同工同酬，但夫妇俩还是要有"别"。这个"别"不能简单地规定男主外、女主内，而应当根据各自的体力、能力、专长和劳动强度，以及收入高低，合理分配家务和责任。具体做法是，丈夫工作任务重，收入高，妻子就多承担一些家务；妻子工作任务重，收入高，丈夫就多承担一些家务。夫妻俩要做到取长补短，彼此互补。家里的事情，不论大小，夫妇俩都要商议而行，切不可一个人说了算。夫妇俩要做到分工合作，各展其长，各尽其能，各负其责，互帮互助，共同把家庭经营好。

再次，长幼有序。长辈与小辈之间、兄弟姐妹之间要有尊卑之序，做到长尊幼卑，兄友弟恭。长者生活阅历长，经验比较丰富，小辈应当尊重他们，恭敬他们，爱戴他们，追随他们，向他们学习。俗话说："不听老人言，吃亏在眼前。"小辈多听长辈的话，会少走很多弯路。作为长辈，也不能倚老卖老，自尊自大，贡高我慢，应当关心小辈，爱护小辈，正确引导小辈，把自己的人生经验和技术技能传授给小辈，指导他们健康成长。对于兄弟姐妹，哥哥姐姐要关爱呵护弟弟妹妹，弟弟妹妹要尊重恭敬哥哥姐姐。兄弟姐妹之间、年长者与年少者之间有先后尊卑之序，这不仅是在维护家庭秩序，也是在维护社会秩序。因为家庭是社会的细胞，每个细胞都健康有序地生长，整个社会也就会健康有序地运行。

最后，家庭成员都要找准自己在家庭里的位置，明确自己的责任，恪守自己的本分。身为公婆或岳父母，要保持安静，做到少操心，少管事，放手让子女当家作主，处理事务。问题出现时，长辈要心平气和地给予原则性的指导。切不可啥事都管，啥心都操，死死抓住家庭权力不放。尤其是老太太，要性如灰。不论在什么情况下，都要不恼不怒，保持一种温和的态度。不要老看事，老挑事，老管事,更不要火星乱爆,沾火就着。要常看儿女的好处,常夸儿女的长处,尤其要夸儿媳的好处。这样,才能保持家里的和气,托起全家的福。身为女儿,要性如棉。要像棉花一样,柔软绵长,不看事,不整事,不挑理见怪,不挑拨离间,不争财产,不要嫁妆,养成谦让、不贪、厚道、柔和的性格。这些都能为结婚后做一位贤妻良母打下良好基础。

以上讲的父子有亲、夫妇有别、长幼有序以及家庭成员的本分,就是家庭礼仪、家庭规矩。听起来好像太传统,束缚人,有的人可能不认同。但是大家应该明白,社会发展到今天,虽然现代化程度高了,生活和工作的节奏快了,但家始终是社会的基本单位,是社会的细胞。家庭礼仪也永远是维系家庭正常运转、化解压力的重要元素。家庭礼仪可以使家庭成员亲密和谐,可以使家庭温馨幸福。只有亿万个家庭亲密和谐、温馨幸福了,整个社会才能变得温馨、和谐。因此,我们要自觉光大家庭礼仪,重塑家庭秩序,为促进国家安定、社会和谐奠定良好的基础。

义

义是指做人要正直、正义、走正道,不离道义,维护公益,恪守忠义,有一种浩然正气。

义就是义务,就是责任,就是奉献,就是大爱。在家庭、社会、国家乃至人类和自然需要我们承担责任、履行义务、兑现承诺的时候,需要我们做出奉献和牺牲的时候,无论吃多少苦、受多少委屈、失去多少利益,都要在所不辞。在我国五千多年的历史长河中,涌现出许许多多为国家富强、民族兴旺舍生取义的可歌可泣的志士仁人,谱写出一曲又一曲感人至深的豪迈史诗。例如甲午海战的邓世昌、五四运动的李大钊、美国用几个旅都换不去的钱学森,等等。还有那些在抗日战争、解放战争、抗美援朝等战斗中英勇牺牲的勇士们。可以说,没有这些人的舍生取义,就没有新中国,就没有我们今天的幸福生活。"义"贯穿于中华民族的整个发展史,舍生取义的人流芳千古。我们是炎黄子孙,应当发扬先辈们舍生取义的精神,不计得失,无私奉献,把国家的事办好,把自家的事管好,把我们应该承担的责任和义务勇敢地担当起来。《国家》这首歌把国和家的关系写得清清楚楚,告诉我们:"家是最小国,国是千万家。""国是荣誉的毅力,家是幸福的洋溢。""有了强的国,才有富的家。"要"一心装满国,一手撑起家"。要

"爱我的国"，要"爱我的家"①。我们应当把这些话牢牢地记在心里，实实地落到行动上。

当前，党中央提出实施乡村振兴战略，这是在强国富民，是在为农村、农民造福。我们应当积极参与乡村振兴战略的实施，从小事、身边事、力所能及的事做起，为振兴乡村、建设和美乡村出力献策。我们的《章程》里确定了"义务清理环境卫生、主动关爱帮助乡邻、自觉传承传统美德"等志愿服务，虽然不是什么惊天动地的大事，但都是义行义举，大家一定要坚持不懈地做下去。

廉

廉，是指无私欲，无邪念，不贪不占，做到临财不苟，遇色不迷，安分守己，不贪求任何分外享受。

廉是一种美德，它体现着一个人的高尚品质。无论是为官，还是为人，都需要用清廉的高尚品德和情操去赢得荣誉，去影响社会，以建设一个恪守文明礼仪、崇尚美德、追求信仰的理想社会。古往今来，许多高官为我们树立了敬廉崇洁的光辉榜样。例如：铁面无私的丞相包拯，把"做官就不许发财"写在茶碗上的吉鸿昌，把"艰苦朴素"四个大字刻在国会一厅入口处木屏风上，并且身体力行的周恩来总理，一尘不染、两袖清风、牺牲后身上只有八元六角钱的好干部孔繁森。他们都为我们留下了一份廉洁奉公的珍贵遗产。相反，落马贪官则声名扫地，遗臭万年。作为公职人员，尤其是官员，一定要汲取这些人的教训，做到为官一任，清正廉洁，不贪取任何功名利禄与财色，不利用职权为自己谋取任何私利，全心全意为人民服务，尽心尽力为人民谋幸福。

作为平民的我们，虽然没有公职人员，尤其是高官的权力和地位，但我们也要面对大千世界里的种种诱惑。如果我们抵制不了这些诱惑，同样也会身败名裂。因此，为了自己的名誉，为了家人的幸福，为了不危害社会，我们要自觉做到以下几点。

第一，不贪财物，绝不不择手段地去掠取财物。例如：不偷盗、不放高利贷、不敛财骗财等。要知道，不择手段弄到手的钱财，不一定就是你的。不是正路得到的钱财，很快就会被发现，收入法院；一个人不择手段弄到钱后，担心失掉，

---

① 成龙《国家》歌词，https://www.ruiwen.com/zuowen/geci/1086125.html.

担心被发现,整日提心吊胆,患得患失,惶惶不安,就会得病。谁家发了不义之财,很快会被盗贼盯上,有些钱就被盗贼偷去;得了不义之财不敢往银行存,放在家里,不被盗贼偷走,还会被水灾、火灾等天灾吞噬;不是正道来的钱,往往很快被不肖子孙挥霍掉。因此,我们不要贪求他人的财物,要合理赚取钱财,用于维持自家人的生活。

第二,不贪美色,不贪图男女之间的色欲。俗话说:"石榴裙下乱葬岗,色字头上一把刀。"贪色会使一个人很快威风扫地,声名狼藉。例如那些落马的贪官,很多都包养情妇。好色与情欲对人的伤害非常大,恶果来得也非常快,往往会迅速毁掉一个人。所以,为人一定要戒色。

第三,不贪名声,不念念不忘名望,不不择手段捞取名誉。"名"虽然是个抽象的概念,但却极其细微深入,难放难弃。例如两个人同在一个工作岗位,工作成绩不相上下。但评先选优时,一个评上优,另一个没评上。没评上的那个人心中就愤愤不平,甚至说些不满的话,这就是贪名。有的人接触了几个大领导,和大领导说几句话或拍个照,就到处显摆;有的人工作取得了一点点成绩就沾沾自喜,到处炫耀,这都是贪名。

第四,不贪吃。贪吃就是吃饱了还不算,还要吃好吃多,讲鲜味,讲阔气,讲排场,考究色、香、味等。这些人觉得吃山珍海味、人参鹿茸还不够,连一些珍稀动物也列为上品。食欲是与生命同来的。吃的目的是治疗饥饿,维持生命,其标准是一个"饱"字。但是为了贪吃,杀害大量生命,浪费无数财物,消耗很多精力,结果不但与己无利,反而危害身体。当今一些人的疾病,例如"三高"、糖尿病、脑血栓、肥胖症等,多半都是吃出来的,是营养过剩造成的。因为人对食物的需求是有限量的,过多会造成消化不良,反而对身体不好。人们说,"病不是气出来的,就是吃出来的。网上流传的关于健康的段子,都少不了"保持良好心态、少食油腻食物"这样的忠告。因此,我们切不可贪食。

以上几种贪欲,对人的危害相当大,大家一定要引以为戒。清廉不贪,属于理念信仰范畴,是一种心灵的美丽,是一种精神的魅力,是一种个人修养,是一种道德行为,也是一个人的立身之本。因此,我们要从以上的"几不贪"做起,严格要求自己的言行,做到清正做人,廉洁做事,勇于挑起属于我们自己的那份责任和担当。

耻

耻，是指人的一种羞愧的心理感受，也指使人感到羞愧、耻辱的事。

一个人，只有知耻，才有自尊，这是一个正常人所具有的最基本的道德感。一个人，只有有了知耻心，才不会去做那些没有自尊、不讲道德、令人羞愧的事。羞耻心是人区别于动物的根本标志。人类社会随着文明的发展，人们逐渐有了道德意识的，把违背人性、危害他人、危害社会的言行都视为可耻而远离。我们炎黄子孙正是依托强烈的荣辱观来维持自身价值、道德观念和伦理意识的。中华民族厚重的五千年文明史，承载着华夏的兴衰荣辱、英雄的成败得失、百姓的喜怒哀乐，涌现出岳飞、屈原、李大钊、夏明翰、赵一曼、江竹筠等无数宁可抛头颅、洒热血，也不放弃追求真理、维护人格尊严的仁人志士。

可是最近几年，一些人羞耻心淡化了。人们的知识和技能虽然增多了，但羞耻心却减少了。很多看上去衣冠楚楚的人，思想意识、言语行为却不太文明。例如，一些年轻人，结婚后和父母住在一起，从来不做饭。父母做好饭他上桌就吃，根本不管父母吃不吃。还有一些人，随地吐痰，随手扔垃圾，随便摘花折树，从来不参加公益劳动和公益活动等。更为严重的是，有的人贪赃枉法、谋取私利，不以为耻，反以为荣，认为是自己的本领、能力。实在是太可怕了！羞耻心对每个人都是非常重要的。因为，不廉，则无所不取；不耻，则无所不为。没有羞耻心的人是什么事情都能够做得出来的，做了坏事就算被发现了，也不会有任何的愧疚，这样的人在社会上生存，就是社会的毒瘤。有了羞耻意识的人，才能遵守道德规范，压制内心的私欲，实现自我调节。中国自古以来就有讲廉耻的传统美德。今天，社会呼唤着羞耻意识的回归，人们需要有羞耻意识。中国人向来是把侮辱人格视为大不敬，也把丧失人格视为大不义的。而人格的完善靠什么？靠法纪制约固然重要，但有羞耻意识，自尊、自爱、自重、自觉，也是升华人格的一个动力。人非圣贤，孰能无过？我们在做事情的时候，不会总是一贯正确，不出过错的。一旦出现错误，我们就应该立刻反省，进行自我批评，加以改进。《弟子规》说："无心非，名为错；有心非，名为恶；过能改，归于无；倘掩饰，增一辜。"意思是：无意中犯下的过失，称为错误；故意做坏事，称为罪恶。有了错误就加以改正，与没有犯错误一样；如果犯了错误还设法掩饰，就是错上加错①。人都会有犯错的时候,但犯错后立刻反省错误,改正错误,重新树立荣辱意识,那么就不会一失足成千古恨。如果我们坚持错误,不以为耻,反以为荣,势必跌入谷底,永远不能翻身。只有自知羞耻,改恶从善,才能改正错误,远离耻辱。因此,我们不要把发生错误当成家常便饭,不要认为自私自利就是理所当然,不要把别人对你的忍让当成应该的。我们应该在犯错误之后知道羞愧,然后去改正自己的错误。要知道,这个世界上没有谁能够在没有羞耻心的情况下过得幸福,活得自在。人为万灵之长,不可无羞耻之心。无羞无耻,何以为人? 作为社会主义国家的公民,更应该具备耻意识。要耻于违法乱纪,耻于不讲公德,耻于玩忽职守,耻于损公肥私,耻于损人利己,耻于丧失国格人格,耻于做一切不利于党和人民的事。只有这样,才能无愧于党,无愧于国家,无愧于社会,无愧于人民,无愧于家庭。希望我们每个人都有一份羞耻心,以保持自身的纯净正直。

---

① 冯国超译注:《弟子规》,北京:商务印书馆,2022 年版,第 25 页。

第三部分　农民志愿者自创乡土公益文艺作品

　　本书第三部分主要收集和展示的是部分农民志愿者自创或集体创作的歌曲、三句半、快板、诗歌、秧歌调等文艺作品。这些作品尽管并无"阳春白雪"式的精巧和达到专业水平，却是农民志愿者在实实在在的公益行为中有感而发形成的。其背后的乡土性、文艺性、主体性、集体认同感等内在逻辑，值得研究者学习和深入剖析。

精神文明志愿者之歌①

词：高文华　董桂芬　李靖

曲：李靖

（一）

我们是精神文明志愿者

共同在传播着中华美德

爱心在春风中涌动

汇成一支川流不息的歌

赞往圣　继绝学

心真诚　情挚热

仁义礼智　温良恭俭

知荣明耻　扬善抑恶

上下一心　携手并肩

守护幸福家园

共创美好生活

（二）

我们是精神文明志愿者

共同在传播着中华美德

笑脸在阳光下绽放

---

① 《志愿者之歌》是集体创作，初稿是扶余市委宣传部干部高文华所写，董桂芬修改，终稿由松原市满族艺术剧院原院长李靖修改并作曲。

唱响一支热血沸腾的歌

为万世　开太平

顾大家　舍小我

孝悌谨信　修身齐家

无私奉献　精忠报国

风雨同舟　无怨无悔

建设和谐社会

点燃文明之火

风雨同舟　无怨无悔

建设和谐社会

点燃文明之火

点燃文明之火

小　村　美

作词：王家村志愿者集体创作

作曲：《西游记》插曲《女儿情》原曲

鲜花盛开蝶双飞

景色如画惹人醉

悄悄问朋友

小村美不美

小村美不美

说什么条件太差

怕什么垃圾成堆

只要人人志愿建新村

无私奉献无怨无悔

朋友啊朋友

朋友啊朋友

小村都能变美

小村都能变美

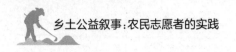

美丽扶余我的家

作者:王家村志愿者集体创作

作曲:歌曲《中国美丽乡村》原曲

绿树映霞光

稻海翻碧浪

绿树成荫花成行

生态美名扬

啊——

扶余美丽乡村

我可爱的家乡

你是人间最美的花

最美的花呀

我要为你放声歌唱

庭前文化墙

屋内书声琅

父慈子孝邻互助

和谐好景象

啊——

扶余美丽乡村

我可爱的家乡

你是人间最美的花

最美的花呀

我要为你放声歌唱

民居真漂亮

乡路都通畅

千家万户齐创业

振兴乡村忙

啊——

扶余美丽乡村

我可爱的家乡

你是人间最美的花

最美的花呀

我要为你放声歌唱

我要为你放声歌唱

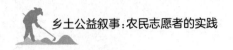

扶余到处好风光

词：王平村志愿者创作
王平村志愿者独唱

党的光辉普照城乡
扶余到处好风光
山美　水美　人更美
大地飘来五谷香　　哎……
棚户区改造大变样
人民生活赛过天堂

精神文明花朵吐芬芳
志愿者脚印遍城乡
树美　花美　环境美
绿树红花环抱村庄　　哎……
道路两旁灯光闪
好人好事一桩又一桩

中华文化刻心上
传统美德不能忘
子孝　妻贤　家和睦
欢歌笑语歌声飞扬　　哎……
道德教育放光芒
社会和谐国兴旺

我的家乡变了样

词:精神文明志愿者协会集体创作

曲:歌曲《男儿当自强》原曲

有志面对万重浪

愿望像那红日光

无私奉献团结合作

胸装家乡盼望祖国强

我发奋图强做志愿

做个志愿者服务家乡

无私奉献比太阳更亮

让道义为我聚能量

建设家乡为我理想去闯

看砖路洁净

又看青松鲜花彩旗扬

我的家乡变了样

团结拼搏大家齐努力

用我一分热耀出十分光

做个志愿者

不怕累和苦

不求有补偿

无私献大爱

不求把名扬

让志愿为我聚能量

去建设家乡为我理想去闯

看路灯竖立

又看标语醒目放光

我的家乡变了样

携起手来大家努力做奉献

用我百点热耀出千分光

做个志愿者　建设新家乡

比什么都强　做个志愿者

建设新家乡　比什么都强

自创三句半

美丽家园自己建

作者:京城村杨家屯志愿者集体创作

甲:我们都是弓棚子人

乙:家住京城杨家屯

丙:土生土长几十年

丁:没离村

甲:提起我们杨家屯

乙:附近的人都有所闻

丙:以前环境脏乱差

丁:愁死人

甲:垃圾成堆路泥泞

乙:蚊虫苍蝇舞不停

丙:住在这样的环境里

丁:老生病

甲:参观王家和双胜

乙:路灯成排砖路平

丙:鲜花盛开松柏翠

丁:受触动

甲:我们要向他们学

乙:再也不能这样活

丙:动手改变脏乱差

丁:很坚决

甲:清扫街道搞卫生

乙:不管夏日和严冬

丙:天天起早坚持干

丁:不误工

甲:志愿者们来捐款

乙:齐心协力把灯安

丙:义务劳动不要钱

丁:做奉献

甲:修完砖路彩门安

乙:绿树红花栽路边

丙:小村越来越美观

丁:都喜欢

甲:捐款制作宣传匾

乙:伦常道德写上边

丙:挂在路灯杆上面

丁:方便看

甲:学伦理　讲道德

乙:核心价值记心窝

丙:我们带头来实践

丁:修品格

甲:因为我们起步晚

乙:对照先进差得远

丙:下定决心迈大步

丁:使劲撵

甲:只要人人愿流汗

乙:只要家家肯出钱

丙:文明幸福美家园

丁:在眼前

合:对,在眼前

传统文化改变咱

作者：西三家子志愿者集体创作

甲：老太太四人台上站

乙：说上一段三句半

丙：我们水平都有限

丁：锻炼

甲：我们几位老姐妹

乙：说起过去心有愧

丙：年轻时候啥都干

丁：不对

甲：不良习气实在多

乙：抽烟喝酒麻将搓

丙：没事闲聊侃大山

丁：胡说

甲：经常和公婆把架吵

乙：老人气得不得了

丙：拧头别棒过日子①

丁：没好

甲：尊老爱幼我不会

乙：亲戚朋友全得罪

丙：家里家外我第一

丁：全对

---

① "拧头别棒"是东北方言，形容别别扭扭、不顺心、难对付的样子。

甲:自从遇到李玉莲

乙:五伦八德教给咱

丙:一条一条来对照

丁:自检

甲:媳妇本是人之源

乙:言行做给子女看

丙:自己不贤盼儿好

丁:很难

甲:想想自己真惭愧

乙:违背人伦还臭美

丙:下定决心重做人

丁:改悔

甲:立志做个志愿者

乙:夏扫街道冬扫雪

丙:齐心协力把活干

丁:心铁

甲:修完砖路把灯安

乙:植树栽花真好看

丙:又出力来又出钱

丁:奉献

甲:一人学好全家变

乙:儿女也来做奉献

丙:人人都竖大拇指

丁:称赞

甲:传统文化改变咱

乙:心得体会特想谈

丙:现身说法警世人

丁：宣传

甲：因为才疏学识浅

乙：勉强凑段三句半

丙：说得不好请诸位

丁：包涵

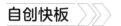

人生五伦孝当先

西三家子村志愿者集体改编

合：竹板一打响连环，我们几个走向前。

今天不把别的表，专把孝道谈一谈。

人生五伦孝当先，自古孝为百行源。

世上唯有孝字大，孝顺父母第一端。

甲：要知父母恩情大，听我从头说一番。

十月怀胎担惊怕，临产就是生死关。

一生九死逃过去，三年哺乳受熬煎。

生来不能吃东西，食娘血脉充饭餐。

白天揣着把活做，到晚怀里揽着眠。

左边尿湿放右边，右边尿湿放左边。

左右两边全湿尽，将儿放在胸膛间。

偎干就湿身受苦，抓屎抓尿也不嫌。

孩子醒了她不睡，敞着被窝任意玩。

纵然自己有点病，怕冷也难避风寒。

乙：孩子睡着怕他醒，不敢翻身常露肩。

夏天害怕蚊子咬，白天又怕苍蝇餐。

孩子欢喜娘也喜，孩子啼哭娘不安。

这么拍来那么哄，亲亲吻吻比蜜甜。

手里攀着怀中抱，如同掌上明珠般。

娘给梳头娘洗脸，娘给穿衣娘洗涮。

小裤小袄紧着做，冬日棉来夏日单。

不会吃饭使嘴喂，唯恐儿女受饥寒。

惦记冷来惦记热，惦记吃来惦记穿。

娘疼孩儿心使碎，孩儿不觉只知玩。

丙：长大成人往回想，哺育之恩实难还。

有时发烧出痘疹，吓得爹娘心胆寒。

寻找医生求人看，煎汤熬药祷告天。

恨不能够替儿病，吃饭不饱睡不眠。

多昝孩子好利索，心里这才能安然。

三岁两岁离怀抱，任意在外跑着玩。

一时不见儿的面，眼跳心慌坐不安。

东家寻来西家找，怕是有人欺负咱。

害怕狗咬车子碰，害怕寻河到井边。

父母爱儿意难尽，千言万语说不完。

丁：七岁八岁初成人，送到学校读书文。

笔墨纸张不惜贵，各种杂费不打贲。

三顿饱饭供给你，衣服穿个干净新。

家中有活不叫做，盼儿读书不分神。

不惜重金请家教，陪读在外离亲人。

为了给儿赚学费，打工累得汗湿襟。

儿在学校把书念，哪知爹娘常挂心。

害怕同学不和气，害怕老师怒气嗔。

害怕孩子身受苦，害怕考试不如人。

戊：走出校门成大人，便要与儿结婚姻。

求亲托友当月老，访求淑女娶进门。

纳彩行聘都情愿，倾囊解带也甘心。

说的本是富家主，再说贫家父母亲。

省吃俭用来度日，一心替儿把妻寻。

为了给儿早成婚，东挪西借凑礼金。

儿把媳妇迎进门，债务留在父母身。

娶好媳妇是福气，若是不贤种祸根。

从此家中无宁日,三天两头起纠纷。

甲:观众朋友要听真,人生莫忘父母恩。

生儿育女循环理,世代相传自古今。

没有爹娘生下你,世上怎有你这身?

没有爹娘养你大,怎在世上成个人?

父母恩情深似海,为人应知报亲恩。

为人不把亲恩报,好比花木烂了根。

养育之恩若不报,望子成龙白费心。

乙:报恩须当孝父母,孝顺父母如敬天。

要问如何把亲孝,孝亲不只在吃穿。

孝亲不教亲生气,爱亲敬亲孝乃全。

可惜人多不知孝,怎知孝能感动天。

福禄皆因孝字得,天将孝子另眼观。

孝子贫穷终能好,不孝虽富难平安。

诸事不顺因不孝,回心尽孝天理还。

丙:尽孝心诚无他妙,孝字不分女与男。

男儿尽孝须和悦,妇女尽孝多耐烦。

爹娘面前能尽孝,一孝就是好儿男。

公婆身上能尽孝,又落孝来又落贤。

和睦兄弟就为孝,这孝叫作顺气丸。

和睦妯娌也是孝,这孝家中老少欢。

丁:男有百行首重孝,孝字本是德之源。

自古忠臣多孝子,君选贤臣举孝廉。

女得淑名先学孝,贤惠善良孝为先。

孝字传家孝是宝,孝字门高孝路宽。

能孝何在贫和富,量力尽心孝不难。

富孝鼎烹能致养,贫孝菽水可承欢。

戊:亲在当孝不知孝,亲死知孝孝难全。

孝经孝文把孝劝,孝父孝母孝祖先。

孝字正心心能正,孝字修身身能端。

孝字齐家家能好，孝字治国国能安。

戒淫戒赌都是孝，孝子成才亲心宽。

惜古惜字都是孝，能积亲福孝非凡。

甲：真心为善是真孝，万善都在孝里边。

乙：孝子行孝吉福护，为人不孝祸无边。

丙：孝子在世身价重，孝子去世万古传。

丁：为人子女要尽孝，不孝之人罪逆天。

戊：我们专门来谈孝，不孝人伦难周全。

合：天下儿孙都尽孝，一孝就是太平年。

天下儿孙都尽孝，一孝就是太平年。

扶余乡村四季美

作者：张 利

甲：今天来人真不少　大家来得都挺早
　　我俩上台说一段　咱们家乡怎样好

乙：扶余市　好领导　道德教育抓得早
　　成立文明大讲堂　基础教育先抓好

丙：百姓通过学习后　人生观点明白了
　　爱国爱家爱奉献　公益事业自愿搞

丁：每天都有志愿者　清理垃圾和柴草
　　又栽花　又种草　修路安灯把街扫

甲：走路都让你放心　没有障碍来绊脚
　　花红树绿灯明亮　谁来看了都说好

乙：下面我俩来介绍　乡村四季怎样好
　　志愿者们最勤快　每年开春动手早

丙：集思广益订计划　各种事情规划好
　　同心同德同奉献　真是人勤手又巧

丁：大棚膜里把苗育　又育花来又育草
　　浇水移苗无闲空　又贪黑来又起早

甲：春暖大地人勤奋　栽花人员可不少
　　男女老少齐行动　全是自愿不用找

乙：大街小巷花成行　　浇水除草更是忙
　　清早朝露苗上挂　　有如珍珠应朝阳

丙：春风吹开青草绿　　花儿绽蕾笑脸扬
　　每年都添新花样　　一年更比一年强

丁：翠绿青松人爱瞧　　柳吐嫩叶一条条
　　白桦迎风如起舞　　梧桐招引凤筑巢

甲：宣传牌写得更醒目　　做人做事都明了
　　文明礼貌人人敬　　谁要见了都说好

乙：夏季美景你在看　　条条街道都鲜艳
　　不用旅游去公园　　各村随处都可见

丙：万般美景在人为　　都得无私爱奉献
　　烈日炎炎把花铲　　谁干都是一身汗

丁：天不下雨花怕旱　　几天就得浇一遍
　　你看这些奉献者　　吃苦耐劳抢着干

甲：花开季节景色浓　　红黄粉绿和紫橙
　　蜜蜂蝴蝶翩翩舞　　往来穿梭在花丛

乙：黄花朵朵真鲜艳　　花开似火万年红
　　墨绿青松互映衬　　路灯整齐映星空

丙：街上美景人爱看　　过往车辆自叫停
　　沿街欣赏心愉悦　　谁看谁有好心情

丁：秋高气爽天变凉　　漫山遍野呈金黄
　　丰收美景遍田野　　村民也都开始忙

甲：村中美景无心赏　　起早贪黑收割忙
　　黄澄澄的是玉米　　火红一片是高粱

乙：水稻低头粒饱满　　白菜棵大、萝卜长

　　土豆地瓜①甜又面②　　要是炸熟随便尝

丙：大豆好像珍珠粒　　小米黄米做饭香

　　花生颗颗如红豆　　土豆粉条白又长

丁：你看农民丰收样　　开车都是挺胸膛

　　人勤手巧心灵美　　日子越过越顺畅

甲：过了秋季入了冬　　冬闲农活也不轻

　　天下大雪都来扫　　干活都是义务工

乙：漫山白雪银世界　　迎风凛傲是青松

　　霜打梅花花更艳　　雪压青松松更青

丙：腊月里　都安灯　　立杆拉线把杆登

　　村里安上各种灯　　来客看了准吸睛

丁：家家门外有纱灯　　五颜六色小串灯

　　街上亮着霓虹灯　　一道一道五彩灯

甲：两侧十二生肖灯　　杆上照明是街灯

　　大道两边有冰灯　　房子门窗多彩灯

乙：大秧歌来了一片灯　　每人手里举着灯

　　金鱼灯　蝴蝶灯　　通红明亮五星灯

丙：惠民政策像明灯　　人民心里如点灯

　　文明礼貌守本分　　道德不断在提升

丁：团结一心多奉献　　让咱中华永振兴

　　自珍自爱自勤奋　　努力打造自家风

---

① "地瓜"为东北方言，意为红薯。

② "面"为东北方言，意为软糯。

甲：因为我们不专业　表演肯定不太精
　　但是都是家乡事　这可都是真事情

乙：愿看以后咱再演　共同演唱共同听
　　祝各位：

合：兄道友　弟道恭　夫妻和合乐盈盈
　　父慈子孝家和睦　人财两旺事业兴
　　事业兴

里半号村新风貌

作者:里半号屯志愿者集体创作

甲:尊敬的家人和领导,上台向大家问声好。

　　我们来自里半号,把好人好事来介绍。

乙:村支书马守和,带领群众学道德。

　　和我们一起建讲堂,真是群众的好楷模。

丙:道德讲堂建得好,传统教育经常搞。

　　无论男女和老少,文明素质都提高。

丁:道德讲堂活动多,又演讲来又唱歌。

　　不良习气逐渐少,人们告别麻将桌。

甲:带头人李志国,急难艰险走在前。

　　三九天爬电杆,带领大家把灯安。

乙:年过六旬的杨淑芹,弘扬美德第一人。

　　妇德女道做得好,带头营造和美小村。

丙:文艺骨干闫淑兰,能歌善舞会宣传。

　　编快板,教手舞,起早贪黑不嫌烦。

丁:再说老汉谷玉培,唢呐吹,大鼓擂,

　　领着大家扭秧歌,老来潇洒走一回。

甲:志愿者端淑贤,公益劳动走在前。

　　不怕苦来不怕累,奉献精神真可贵。

乙:老党员李百合,发扬党的好风格。

　　脏活累活抢着干,大家称他是劳模。

丙:好婆婆　刘恒云,传统美德记在心。

　　婆媳关系搞得好,邻里守望做得真。

丁：好媳妇李英杰，传统文化认真学。

公益活动全参加，为了村子更和谐。

甲：人民教师翟桂艳，默默无闻做奉献。

耐心补课不收费，从来无悔又无怨。

合：这正是：

道德育人人心善，日照红旗旗更鲜。

众人出力力无比，全民圆梦梦能圆。

志愿者，你最亲

作者：贾有发（弓棚子镇农场村原党支部书记）

新时代，谁最亲，咱们百姓看得真，

奔小康，建新村，他是我们身边人。

精神文明志愿者，时时处处为人民。

天不亮，就起身，大街之上扫帚抡，

一年三百六十五，干活不挣钱半分。

种花草，美村庄，投资扣棚掏现金，

百花争艳蜂蝶舞，村庄面貌焕然新。

安路灯，立彩门，雄伟壮观抖精神。

自己设计自己做，志愿者里有能人。

福利院，常慰问，一年四季走得勤，

衣服被褥和食品，不是亲人一家亲。

解人危，帮贫困，出钱出车又出人。

中华美德传千古，圣贤精神万代存。

新时代，他最亲，和党和民一条心，

一心奉献无索取，志愿者是我们最亲的人。

精神文明志愿者之歌

作者：贾有发（弓棚子镇农场村原党支部书记）

1. 创建

锣鼓敲，鞭炮响，喜讯传，歌声扬。

王家大院人如海，男女老少心欢畅。

精神文明志愿者，创建喜讯传八方。

游子从此不流浪，失散的孩子回家乡。

甘愿奉献的庄稼汉，迷茫之中见太阳。

圣贤教育大发展，传统文化放光芒。

协会为咱来掌舵，团结一道打胜仗。

2. 扫街

扫街道，埋汰①活，天不亮，离被窝。

干活工具随身带，扫帚铁锹手推车。

农村垃圾时时有，一天不清堆成摞。

分会组织来分工，街道专人负总责。

一年三百六十五，逢年过节不耽搁。

三九严寒练筋骨，烈日炎炎晒体魄。

理想战胜苦和累，意志驱走污与浊。

农村靓丽风景线，迎着朝霞唱赞歌。

3. 修路

泥土路，道不平，除了包，就是坑。

---

① "埋汰"为东北方言，意为脏。

夏季是条水泥路,冬天非雪即是冰。

车辆行走存隐患,人员安全无保证。

志愿者拉土来修路,多拉快跑车声隆。

春天修来秋天垫,不知用了多少工。

道路不平就上土,吃苦耐劳劲不松。

铺砖路,村村通,志愿者,喜心中,

义务劳动流大汗,起早贪黑工效增。

带上米菜驱车走,管它南北与西东。

遇到铺路就动手,社会主义大家庭。

水泥路,宽又平,甘当义务护路工,

今天修好小康路,条条大道通北京!

4. 规劝

讲堂上,凉炕沿,耐心劝,心不烦。

社会怪象千千万,家庭矛盾是根源。

动之以情谈利弊,晓之以理论古贤。

浪子回头上岸,夫妻破镜重圆。

子女尽了孝道,婆媳握手言欢。

根绝不良嗜好,混混改恶从善。

家庭和睦美满,手足亲密无间。

消除矛盾隐患,社会和谐平安。

5. 赈灾

情没界,爱无涯,华夏人,是一家。

一方有难八方援,中华美德润天下。

自然灾害难抗拒,突如其来如天塌。

地震洪水泥石流,冠状病毒太可怕。

政府发出动员令,奉献爱心帮助他。

囊中羞涩的志愿者,没钱也得想办法。

虽然家境不富裕,再勒裤带紧一把。

炎黄子孙一家人,黄金有价情无价。

6. 助弱

鳏孤寡,痴呆傻,能力差,命不佳。
政府照顾很幸福,身边总觉缺点啥。
协会提醒志愿者,福利院里看爹妈。
包饺子,蒸豆包,水果食品和衣裤。
搀扶老人去厕所,剃头洗脚剪指甲。
有空就去福利院,老人高兴乐哈哈,
陪伴时间虽短暂,这种精神最伟大。

7. 种花

清明到,暖棚搭,买良种,种鲜花。
建棚购种需钱款,会员筹资把钱拿。
贪黑起早受苦累,汗水浇灌苗长大。
公路旁,屋檐下,村庄环境咱美化。
除草浇水防病害,不怕日晒雨水打。
美丽风景咱描绘,建设新村报国家。

8. 安灯

三九天,水成冰,鹅毛雪,西北风。
精神文明志愿者,投资捐款安路灯。
水泥电柱千斤重,用它架线深挖坑。
二十多斤大铁镐,落地如弹脑瓜崩。
困难吓不倒英雄汉,挖坑不成炭火烘,
昼夜化土几厘米,志坚功到自然成。
春节之前路灯亮,村民感动热泪涌。

9. 焊门

电机转,弧光闪,铁屑飞,灯光灿。
志愿者夜间焊铁门,满天星斗来陪伴。
身边铁料一大堆,购料都是会员钱。
师傅力工不用雇,自己设计自己干。
志愿者里有能人,心灵手巧肯钻研。

刻上龙,画上凤,五伦八德写上边。

屯口安上迎宾门,雄伟庄严又美观。

10. 喜讯

蜂蝶舞,花绽放,捷报传,凯歌扬。

最美乡村成景点,游客八方来观光。

多年夙愿已成真,心潮澎湃泪盈眶。

昔日栽下梧桐树,今天飞来金凤凰。

男也乐来女也乐,万水千山齐歌唱,

歌唱家乡景色美,歌唱伟大的共产党!

我们是精神文明志愿者

作者：贾有发①

扶余的七月　骄阳似火
七月的扶余　万顷碧波
志愿者协会成立六周年
我们欢呼　我们雀跃　我们自豪
因为我们是精神文明志愿者

斗转星移　日月如梭
三年光阴　瞬间而过
我们的事业日新月异
精神文明　频奏凯歌

看　彩旗飞舞　路灯闪烁
鲜花烂漫　树影婆娑
街道整洁　村路宽阔
宣传牌新颖醒目
迎宾门气势磅礴

听　文化大院书声琅琅
村民们聆听道德讲座
五千年文明在这里发扬光大
传统文化在这里倍放光泽
弟子规妇孺称颂

---

① 贾有发，扶余市弓棚子镇农场村原党支部书记。

尊老敬老是人生的必修课

逆子改恶从善

儿媳孝敬公婆

邻里和睦相处

社会政通人和

精神文明结硕果

我们开创了扶余文明历史的先河

成绩离不开协会领导的安排部署

成绩离不开精神文明志愿者

美化村庄要种花

育苗是个技术活

缺少暖棚和温室

志愿者倒出火炕热被窝

情愿睡在屋地上

伴随寒冷与苦涩

疲劳袭来人入睡

梦见鲜花一朵朵

开满了乡村和城市

红花覆盖了全中国

百姓也做中国梦

中国梦肯定是红色

精神文明志愿者

拿手好戏是干活

一天从早忙到晚

为民奉献心就乐

早晨起来扫街道

铁锹　扫帚　手推车

寒来暑往十几载

风霜雨雪没停过

安路灯　投资多
买料钱款无着落
金钱虽是身外物
没它啥事儿都难做
我们不是富裕户
生活温饱不够格
一分钱能憋倒英雄汉

困难吓不倒志愿者
大家一起想办法
各尽所能来筹措
老年人拿出了生活费
贫困户掏出了低保折
小学生捐出了压岁款
种地的化肥先不买
临时用肥再去赊
七拼八凑还有缺口
求亲靠友四处挪
电焊孤光昼夜闪
质量精雕又细琢
抢时间　抢进度
路灯屹立道两侧

我们精神文明志愿者
只付出　做贡献
我们不登台　不演说
我们不浓妆艳抹
我们不矫揉造作

我们不是党员

也像共产党员干事业

我们不是干部

事事处处却为领导负责

胡家新居（水平韵）①

作者：张慧②

古月新藤候鸟鸣，梧桐树下凤凰笙。
红灯高挂梅花雪，彩旗飘扬恰鹧筝。
大美胡家新景绘，复兴路上梦圆成。
金描银绣园田赋，万户霓虹千巷明。

风雪志愿者

作者：张慧

挑灯夜战春残雪，风卷地白你是谁？
大爱无疆志愿者，冰心玉洁美乡村。
风雪绵绵乡间道，酒醉今宵暮云屯。
任性飞花降雨水，尚留大爱暖乾坤。

---

① 更新乡胡家村是作者张慧曾经工作过的地方。1976年，张慧作为整党工作队员，驻扎在这个小村庄。当时这个村子又脏又乱。45年后张慧重返小村，看到这里发生的翻天覆地的变化，感慨万千，写下了这首词。

② 张慧，吉林省松原市退休干部，网名：荟泽中书。

自创散文诗歌 ＞＞＞

精神文明志愿者自述

作者：张慧

有人问我，你是做啥的？

我会很高兴地告诉他，我是精神文明志愿者，

为能获得这个称谓，我感到无比荣幸。

我就像一粒粟黄，平凡而又赤诚。

赤诚我生存的土地，赤诚我眷恋的文明。

踏上这片土地我就义无反顾，开花结果，初心和使命韧尔不负。

我就像一根擦着了的火柴，

点燃了炊烟，

捻亮了灯火。

而那熊熊燃烧的火焰又将我浴火重生，

凤凰涅槃。

这夺目的人生只源于无私的奉献，忘我的牺牲。

我就像一名过了河的小卒，

一往直前，与名利无争。

默默无闻地把平凡琐事做成，不为钱财，只有村庄振兴。

我就像一个自转的陀螺，

春夏秋冬，起早贪黑地劳作，

不和日月争辉，只为大地丰收，

脱贫攻坚，追逐小康幸福路。

我就像大海里的一朵浪花，

与惊涛骇浪汇成潮水，后浪推前浪，传承中华文明。

老乡讲堂上的文明故事汇集成的朵朵浪花，

都是我们精神文明志愿者的真实写照。

我就像一名辛勤的园丁，

耕耘着土地，美化着家园。

日益兴起的邻里守望、帮扶救助、关爱弱势群体，

每件事都有我们的身影。

远远望去，一群平凡人在做不平凡事。

这正是，人自心灵美，志愿爱无疆！

做个温暖的人——学学志愿者，与美好同行

作者:张慧

岁月极美,可品春花,夏红,秋月,冬雪。

岁月极美,更有与岁月同行的人,他们就是精神文明志愿者。

春天里,您犹如山间清爽的风,吹拂着离离原上草,装点陌上碧水清;冬天里,您又似农家院里温柔的光,亲和着每一天生活,做雪中送炭的使者,驱寒问暖,助燃了多少孤寡老人的心房;秋天里,您恰似雨过天晴一彩虹,用赤橙黄绿青蓝紫彩绘着美丽家园,天天欣欣向荣;夏日里,您不愧是村屯里最美的园丁,把家乡建设成了"巷路成荫花间树,万紫千红总是春"。

有诗云:清冷三秋月,辛苦四季中。迟卧二更榻,五更育花棚。大雪惊春梦,晓晴积雪清,敬老邻里助,文明总关情。

志愿者的美好形象,充满着无限的正能量,他们不仅仅是乡村文明建设的引导者,更是振兴乡村的举牌人。

在没有星月的夜空里,我最喜欢看农家大院的灯火,它给旷野田园带来了无限光明与温暖。当你寻光走去,所遇见的星光闪闪皆是奔向小康生活的星光大道。红灯高挂,每盏灯里都寄托着志愿者的美好心愿,是他们用自己的心血和殷勤劳作点燃。还有那面面彩旗,在阳光下迎风招展。那一针针一线线,缝进去的也是他们的美好心愿,助力祖国的复兴,自力更生建设家园,用强劲的实力实践诺言,用标杆和旗帜感召岁月,温暖更多的人。

美好是日月星辰,是山川河流,是每个温暖的细节,是你——我最尊敬和喜爱的志愿者。

繁水三千,只取心上的一朵献给你!

自创数来宝 ▶▶▶

家庭美德世代传

双胜村志愿者集体创作

合：

各位来宾你们好，我们说段数来宝。

今天不把别的谈，专把自己表一表。

周亚波：

我的名字叫周亚波，结婚之初没得说。

夫唱妇随挺恩爱，孝敬公婆乐呵呵。

光阴似箭如穿梭，转眼生活起风波。

因为丈夫爱喝酒，我就翻脸开始作①。

心里想　你爱喝，我就把　麻将搓。

整天泡在麻将场，家务活计一边搁。

丈夫看我不干活，心里烦恼不敢说。

一人在家生闷气，更加愿意把酒喝。

喝得走路里拉歪斜，喝得烂醉不认爹。

一见丈夫这个样，我火冒三丈撒起泼。

手指丈夫骂咧咧②，接着就把额头戳，

你不就愿意把酒喝么，拎起酒桶往脸上泼。

---

① "作"为东北方言，意为无理取闹。

② "骂咧咧"为东北方言，意为不停地骂。

边打边骂边琢磨,这样的日子没法过。
干脆和丈夫把婚离,远走高飞寻快活。

孙万贤:
我的名字叫孙万贤,从小脾气不一般。
心眼小,爱生气,不讲理还耍刁蛮。

不论啥事都拔尖,父母我也看不惯。
转眼到了出嫁时,进了婆家更心烦。

婆家是个大家园,四世同堂人口全。
啥事一不随我愿,挑理见怪把人难。

丈夫要是说我两句,火冒三丈跟他没完。
婆婆要是劝劝我,立刻跟她把脸翻。

争贪搅扰恨与怨,斤斤计较一天天。
结婚还不到半年,分家另过到一边。

单过也觉不遂愿,脸上总是没笑颜。
嫌弃丈夫没家产,嫌弃丈夫没有钱。

孩子来到人世间,莫名其妙把病摊。
一天到晚啼不停,打针吃药没个完。

孩子病情没好转,自己又得心肌炎。
省市医院到处看,就是不见病情缓。

周亚凤:
我的名字叫周亚凤,说起话来贼拉①冲。
从小不听父母话,谁要惹我就拼命。

脾气火暴敢碰硬,谁都得听我的令。
小学三年就辍学,少识无知理不明。

---

① "贼拉"为东北方言,意为十分,非常。

十八岁时把婚定，一心来把彩礼争。
给足礼金方娶我，少给一分也不行。

彩礼没有按时送，跑到婆家问分明。
追着公婆把架吵，根本不把二老敬。

结婚以后更是硬，一点小事就动横。
早婚早育遭罚款，逼着公婆把钱弄。

孝悌忠信全不懂，针扎火燎把利争。
不知不觉生了病，浑身发黄痒不停。

这时我可发了懵，赶紧求医问分明。
哪知医生没少请，病情就是不见轻。

孙万玲：
我的名字叫孙万玲，扶犁点种很有名。
家里家外哪都行，提起德行可不成。

从小我就很任性，谁的话都不愿听。
结婚以后也不改，总和丈夫来动硬。

丈夫他也很任性，不干活把麻将梃。
典型一位公子哥，就是不知把钱挣。

那时我年轻气又盛，根本不把丈夫敬。
丈夫要是去赌博，当众我就把手动。

骂得丈夫把眼瞪，打得夫妻没感情。
家里让我闹翻天，没有一日能安宁。

转眼就把孩子生，水水灵灵大眼睛。
长来长去不对劲，行为发痴心不明。

赶紧求医去看病，反复检查病情定，
原来孩子是脑瘫，今生很难正常行。

闻听此言我发愣,如同五雷把顶轰。
紧紧把儿抱在怀,泪珠如雨泣不成声。

回到家中心不宁,万念俱灰不想动。
先怨自己命不好,又怨上天太无情。

越思越想越心痛,忽然一念生心中。
不如跳河或上吊,两眼一闭多清净。

合:
痛苦正在折磨我们,忽然走来一个人。
她的名字叫刘佩文,家就住在香水泉屯。

此人与我们是屯邻,专给村民讲人伦。
教人学好与向善,村民都把她"老师"尊。

她找我们来谈心,嘘寒问暖特亲近。
苦口婆心来相劝,教我们不要悖人伦。

周亚波:
刘老师　看着我,亲亲热热叫亚波。
你家原本乐呵呵,弄成这样都是你的错。

你丈夫,他爱喝,爱喝你就让他喝。
给他炒上两个菜,陪他一起唠唠嗑。

这样将就几个月,他保准不再这么喝。
你要离婚自己走,撇下老小怎能快活。

孙万贤:
刘老师站在我面前,口口声声叫万贤。
你丈夫他人品好,勤劳能干又节俭。

虽说现在没有钱,一点一滴慢慢赚。
你若和他同心干,保准一年胜一年。

你若不把他来怨，上下和乐全家欢。
你若能够化习性，身体自然就康健。

周亚凤：
刘老师来到我家中，笑呵呵地叫亚凤。
从小我看着你长大，你脾气太大像楞葱①。

媳妇本是一福星，全家幸福在你手中。
你若性情绵如水，家里一定喜盈盈。

可是你却理不明，惹着一点就不行。
这种习性不改掉，身体哪能不有病。

孙万玲：
刘老师到我家中，拉着我手叫万玲。
你要跳河要上吊，这都是在做傻事情。

你想一走找清静，扔下痴孩怎么中。
谁能把他来抚养，谁照顾他的衣食住行。

既然孩子已失聪，你就认了这个命。
不要胡思与乱想，不要昧理与孤行。

合：
刘老师，与我们谈，祖宗的话要记心间。
修身齐家与治国，这份责任要肩上担。

周亚凤：
媳妇应该做喜神，挑起持家的重任。
相夫教子侍奉老人，恪守人伦尽本分。

孙万贤：
媳妇应该温柔顺贤，不能和家人对着干。

---

① "楞葱"为北方方言，意为愣头愣脑的人。

要像大地厚德载物,谦卑忍让保家安。

周亚凤:
媳妇应该性如水,随方就圆无怨无悔。
男刚女柔是本位,谁不坚守谁受罪。

孙万玲:
媳妇本是人之源,好坏做给子女看,
自己不贤盼儿好,那比登天还要难。

合:
老师一番肺腑言,说得我们红了脸。
讲得确实有道理,反思自己确实不贤。

周亚波:
我要离婚把家扔,这样确实太无情。
女人应该守女德,美满婚姻要经营。

回心转意开了晴,打开行装把衣更。
走进厨房炒几个菜,亲自给丈夫拿酒瓶。

丈夫一见这情景,一股暖流涌心中。
从此不再把酒贪,夫唱妇随其乐融融。

孙万贤:
万贤我也有转变,不再总把丈夫怨。
认认真真化心性,很快身体就康健。

老人面前我孝贤,赡养婆婆不嫌烦。
常给婆婆开小灶,水果糕点买得全。

婆婆得了脑血栓,瘫在炕上整六年。
擦屎接尿我不嫌脏,精心照料不怠慢。

周亚凤：
亚凤我努力化心性，说话不再贼拉冲。
磕磕碰碰不在乎，一忍而过不吱声。

我家是个大家庭，哥俩一起搞经营。
我们妯俩在一起，互相谦让无纷争。

对公婆我不再横，不让二老把气生。
九口之家人兴旺，上和下睦人称颂。

再说我的这个病，一天它比一天轻。
不吃药来不打针，很快跑得影无踪。

孙万玲：
万玲我　不再烦恼，不再想上吊把河跳。
振作精神过日子，不再整天瞎胡闹。

讲女德　守妇道，对丈夫不另眼瞧，
不再打来不再骂，和颜悦色把话聊。

对爱子　耐心关照，教他识字看画报。
从此家里有了笑声，亲戚朋友都叫好。

周亚波：
我们几个都学好，不再争贪与搅扰。
从此家里没烦恼，和和睦睦乐逍遥。

孙万贤：
家庭和谐不算完，公益事业走在前。
清扫街路清理垃圾，植树栽花不消闲。

周亚凤：
铺砖路　安路灯，制彩旗　挂灯笼。
十冬腊月把雪扫，有活我们就往前冲。

孙万玲：

包饺子 蒸豆包，炸麻花 撒年糕。

衣服水果都备好，福利院里把老人瞧。

孙万贤：

又出力 又出钱，争着抢着做奉献。

践行核心价值观，中华美德世代传。

合：

家庭和 村屯安，和谐社会在眼前。

紧跟领袖习近平，振兴中华美梦圆，

振兴中华美梦圆！

带头建设文明村

作者：张利

合：七月里　艳阳天　　志愿者们共联欢
　　上台问声大家好　　祝愿同仁福康安
甲：神州大地气象新　　惠民政策得人心
　　日子越过越美好　　人民越过越开心
乙：生活好　心里甜　　感激话儿说不完
　　国家大恩不忘报　　都做奉献好人员
丙：扶余市领导想得全　培养道德宣讲员
　　城里乡村到处讲　　文明礼貌总宣传
丁：讲尊老　讲爱亲　　还讲知恩和报恩
　　讲得浪子回了头　　知道敬老孝双亲。
甲：讲得媳妇变了样　　相夫教子尽孝心
　　姑娘听讲明白后　　订婚不要彩礼金。
乙：小伙听后能明理　　不良习气不沾身
　　爱国爱家爱奉献　　公益事业献爱心。
丙：道德教育十几年　　培养无数好人员
　　各处都在做奉献　　建设新村美家园
丁：这些人　不怕苦　　为给家乡谋幸福
　　合并小家为大众　　不畏严寒和酷暑
甲：吃苦耐劳还不算　　有时还得受屈辱
　　说这些人傻够呛　　不是差劲也是虎
乙：又植树　又安灯　　打扫环境和卫生
　　修路种花没闲空　　一年四季紧折腾

丙：又捐款　又助工　　还把闲言碎语听

大家心里如明镜　　只拿当作耳边风。

丁：各村里　有精英　　听我说给大家听

他们各村是骨干　　建设家乡的主人翁

甲：香水泉的刘明志　　镇山村的是黄志

自己小家全不顾　　每天都在做公益。

乙：南岭屯的刘耀山　　十四号的毕红娟

李半号的李志国　　东崴子的赵林三

丙：四号村的林喜清　　欢喜村的方延生

杨家窝棚李丙清　　丛家腰屯林武通

丁：杨家崴子汤连春　　王家村的杜占军

新红村的刘文贵　　都是尽力又尽心

甲：李家坨子宋兆勋　　太平山的叫杨林

下沟村的李英海　　都是奉献带头人

乙：李家村的王世文　　伯家村的赵登仁

三合屯的张洪岐　　大万宝的郭长文

丙：三间房是孙玉涛　　农场村的叫赵超

任家炉的刘兴兰　　热爱家乡品德高

丁：西三家子李玉莲　　南平村的单淑凡

弓棚镇的叫孙华　　东胜村的赵玉莲

甲：上合湾的是夏平　　长青村的叫王红

孙家崴子李景信　　西榆村的马贵平

乙：李家坑是王景库　　于家村叫李化禄

精神文明是先锋　　真是中流和砥柱

丙：京城村的刘景学　　明家店的张信杰

为了家乡和社会　　打造幸福创和谐

丁：丛家屯的郭玉详　　小前屯的叫刘强

孙木铺的陈国武　　成山村的张树良

甲：这些人　真要强　　起早贪黑整日忙

为了家乡变个样　　自动承担挑大梁

乙：功夫不负有心人　你再看那各村屯
　　环境整洁面貌变　人变文明手变勤
丙：弘扬道德讲文明　你来农村像进城
　　村中景色无限美　进村就有好心情
丁：青松翠绿无冬夏　酷暑严寒四季青
　　黄花朵朵扬笑脸　片片火焰是串红
甲：标语警示更明了　提倡人们讲文明
　　金叶榆修剪如理发　整整齐齐真有形
乙：彩旗飘扬迎风舞　催人奋进永不停
　　路灯高悬两边立　夜晚不黑有光明
丙：庄严彩门村头立　醒目对联更鲜明
　　好似主人最好客　在此接送表欢迎
丁：书说厚德能载物　谁学谁做谁文明
　　道德推广村风度　真是人杰地也灵
乙：党中央　号召咱　建设和谐美家园
　　实现中国复兴梦　创造神州新纪元
甲：不能等来不能靠　干群携手共打造
　　若是人人都努力　生活定会步步高
合：好人好事说不尽　农村美景谈不完
　　时间有限莫长讲　想听请等下一年

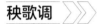

秧歌调

十二月

作者：南岭屯志愿者集体创作

正月里来正月正　　正月十五闹花灯
大秧歌扭得真热闹　我的朋友哇
欢度新春笑盈盈啊

二月里来二月二　　彩旗挂在街道上面
五颜六色真鲜艳　　我的朋友哇
男女老少都喜欢呐

三月里来三月三　　义务劳动个个争先
大街扫得真干净　　我的朋友哇
不图名来不图钱呐

四月里来四月十八　国家弘扬传统文化
志愿者们做贡献　　我的朋友哇
文明之风遍华夏呀

五月里来五端阳　　植树栽花紧着忙
花红柳绿真漂亮　　我的朋友哇
男女老少喜洋洋啊

六月里来三伏天　　修路补路干得欢
不怕高温不怕热　　我的朋友哇
无私奉献都自愿呐

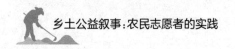

七月里来七月七　　如今农民有福气
种地全靠机械化　　我的朋友哇
省时省力心欢喜呀

八月十五月儿圆　　文体活动搞得欢
排球篮球加太极　　我的朋友哇
增强体质来锻炼呐

九月里来到秋天　　金色的庄稼一片片
眼望五谷真高兴　　我的朋友哇
又是一个丰收年呐

十月里来冷风寒　　制作彩灯迎新年
为了建设和谐社会　　我的朋友哇
志愿者们干在前呐

十一月里飘雪花　　精神文明传万家
大家主动来扫雪　　我的朋友哇
奉献不分你我他呀

十二月里又一年　　扭着秧歌慰问敬老院
带着水果和米面　　我的朋友哇
祝愿老人安度晚年

好人好事说不完　　不能件件都细谈
和谐社会人心善　　我的朋友哇

精神文明谱新篇呀
精神文明谱新篇呀

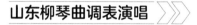

四姐妹种花

作者：贾有发

幕后音：

（姐妹甲）姐妹们，起来了吗？

乙丙丁）起来了！

（甲）好，我们走啊。

（乐起，前奏，四姐妹边上边舞）

合唱：

雄鸡报晓天放白，姐妹起床出院来，

为啥起得这么早，美化村庄把花栽呀，

那个把花栽呀，哎嗨哟……

甲：（数快板）

清明到，扣花棚，筛土装钵忙不停，

下籽浇水保温度，花苗出来水灵灵。

合：花苗出来水灵灵。

（音乐起，合唱）

乡村振兴要铺开，我们赶上好时代，

精神文明志愿者，义务劳动乐开怀呀，

合：那个乐开怀呀哎嗨呦……

乙：（数快板）

不外出,不打工,老守田园在家中。

村里有活咱就干,栽树种花美村容。

合:栽树种花美村容。

(音乐起)

合唱:

传统文化放光彩,协会组织巧安排,

会员要听党领导,奉献我们的情和爱呀,

合:那个情和爱呀,哎嗨呦……

丙:(数快板)

天旱浇,地硬耕,除草施肥防病虫,

花苗如同亲生子,天天侍弄不误工。

合:天天侍弄不误工!

(音乐起)

合唱:

铁锹一挥干起来,心情舒畅工效快,

争先恐后夺分秒,欢声笑语传村外呀,

那个传村外呀哎嗨呦……

丁:(数快板)

建农村,记心中,和谐美满大家庭,

一颗红心两只手,不图利来不为名。

(合)不图利来不为名!

(音乐起)

合唱:

政府为咱搭好台,创建文明大步迈,

志愿者不怕苦和累,汗水迎来百花开呀,

那个百花开呀哎嗨呦……

合：(数快板)

百花开，喜气升，村容改变事业兴，

农民踏上小康路，国强民富享太平，

国强民富享太平！

第四部分 乡土公益的媒体聚焦

　　第四部分摘录的是省级报刊、国家部委网站等媒体关于扶余农民志愿者的报道，以体现农民志愿者早已得到当地政府重视，作为乡村振兴典型加以宣传和推广。我们从媒体报道中，也可以看到记者采访的一个个鲜活的案例。这些案例作为本书的补充，从媒体的角度增加案例的丰富性和宣传性，展现农民志愿者的风采。

"美丽乡村"花盛开
——扶余市农民志愿者在行动[①]

金秋时节,来到扶余市乡村,映入眼帘的是一幅幅绚丽多姿的新农村画卷:整洁的街路,高耸的路灯,飘舞的彩旗,盛开的鲜花,还有古朴典雅的村庄迎宾门,端庄简约的文化宣传牌……一个个村庄宛如美丽的大花园,让人流连。

"能有这么美的村容村貌,各村庄的志愿者功不可没。他们带头捐款、捐物,义务出工,硬化、亮化、美化、绿化家乡,带动了村民们积极参与。文明新风已经在扶余市广大农村升腾。"扶余市精神文明志愿者协会会长董桂芬既骄傲又兴奋地向记者介绍,遍布扶余市 101 个乡镇村庄的近 3000 名农民志愿者,通过开展志愿服务,带动村民打造幸福家园,探索出一条经济欠发达地区建设美丽新农村的希望之路。

环境的改善关键在于人们思想的转变。谈起优美环境给生活带来的变化,村民们都掩饰不住内心的喜悦。然而就在几年前,这些村庄的环境也存在着脏、乱、差的问题,不仅影响村民的身心健康,也影响村民的精神面貌。通过农民志愿者带头人刘佩文和张利老师的宣讲,村民们认识到新农村建设不能等、靠、要,美丽村庄要自己建,幸福之路要自己闯。弓棚子镇双胜村、肖家乡王家村和更新乡新红村等村庄的农民志愿者,率先开始行动,他们带头掀起净化、亮化、绿化、美化村庄热潮,用勤劳的双手描绘自己的美丽新家园。

双胜村香水泉屯是扶余市农民志愿者的"发源地"。志愿者刘明志说:"屯子原来名叫'臭水坑',从东到西有 6 个大坑,路面特别差。有一年,一位外地商人来买花生,车陷在坑里,好不容易才拉出来。那个外乡人无奈地表示'臭水坑'真是名副其实啊!这几年,在志愿者的带动下,街路全铺上了红砖,安了路

---

① 中华慈善新闻网、人民网:"美丽乡村"花盛开,http://ccn.people.com.cn/n/2014/0910/c366510-25634683.html,访问日期:2014 年 9 月 10 日。

灯，栽花种树，村容村貌焕然一新，大坑早就没了踪迹，屯子也改名为'香水泉'。有的城里人来串亲戚，看到村里这么美，都羡慕不已。"

50岁的刘文贵是更新乡新红村九间房屯的村民，也是村里志愿者组织的带头人。两个哥哥受他的影响，也都当了志愿者。刘文贵回忆说："开始我们扫大街时，只有4个人。有些村民甚至村干部都不理解。我们也挺害怕人们异样的眼光，扫大街都是偷偷摸摸地起大早，到三四点钟，等村民们都起来了，也扫干净了。后来我们一直坚持，村里环境越来越美，村民们也都支持了，现在志愿者有30多人了。我总觉得，党中央给咱农民不少惠农政策，比以前富了。生活环境这块儿，咱一定要打造好。没有好的生活环境，人再富有也不会幸福。精神文明要是做好了，道德修养上去了，打造社会主义新农村就容易了。"

更新乡丛林村腰屯志愿者组织带头人名叫林武通，虽然头发有些花白，但容光焕发："为了让花提前开，我自己家扣的温室大棚。在移花的过程中，村里下至刚懂事的孩子，上至拄棍的老人，全民参加。现在村里上边是蓝天，下边是绿地，中间是红花，人们到街上散步，自然就开心。在文明的环境中，农民也改变了生活方式。"

丛林村志愿者的行动，得到了村委会的大力支持，栽松树和安路灯，村里都给了一定的补贴，村书记李洪武还拿出了自己的工资，每个屯子给了2000元。李洪武把志愿者视为"最佳助手"和"黄金搭档"。他说："有了志愿者，村里的工作好干多了，一些矛盾和问题，他们就解决了。2004年以前，屯子里是泥路，后来村里出砖，志愿者带头，村民义务出工，铺了25公里砖路。路修好了又开始搞绿化、亮化，栽松树、安路灯。3年时间，全村栽了4000多棵松树。现在村民的收入不高，可很多人借钱也要为村里建设捐款，建设自己的家园都想出一点力。"

村委会的支持，村民的齐心协力，还让丛林村打造出一条连接3个屯子的"最美乡路"。这条路的两边原有林带承包到期后采伐了，如果再承包出去，一年村里能收入2万多元钱。为了美化乡村，村委会同意了村民的意见，决定在路两侧栽上松树和各种花卉。每年春天栽花时，3个屯子100多人一起动手，七八万棵花苗一天就栽完了，村书记家还供大伙吃一顿饭。天旱时，人们起早贪黑去浇花，让鲜花常开不谢。

美丽的心灵，勤劳的双手，无怨无悔的情怀，志愿者持之以恒、甘于奉献的精神,潜移默化地感染着、改变着村民。过去乱泼乱倒、随意破坏环境的现象基本杜绝了,村里无论大人小孩,都精心呵护花草树木,街道上看不到一丝杂物……

据不完全统计,从 2010 年 1 月到 2014 年 7 月末,各村庄志愿者捐款种植松树 16 435 棵,安路灯 2 639 盏,制作宣传牌 1 727 块,立迎宾门 90 座,用红砖硬化村路 6 万多延长米,加上每年交路灯电费等费用,志愿者总计捐款近 800 万元,投入的工时等则无法计算。现在,全市有 60 多个村庄实现了净化、亮化、绿化。这一组不同寻常的数字,记录着志愿者参与社会主义新农村建设,打造文明、美丽、和谐家乡的坚实足迹。

"德不孤,必有邻。"年初以来,就有扶余市腾家店、李永胜、三间房等 20 多个村庄的干部群众主动和市志愿者协会联系,邀请协会的老师去开展道德宣讲,请志愿者帮助育花苗。2014 年 8 月 8 日,长春岭镇党委书记带队,组织本镇 500 多名干部和农民来这些美丽村庄参观学习。

扶余市实施"三项"工程助推乡村全面振兴[①]

扶余市紧紧围绕乡村振兴战略，通过大力弘扬传统文化、加快发展农村志愿服务队伍、实施美丽乡村示范区建设项目"三项工程"，为改善农村人居环境、营造良好民风家风、密切党群干群关系、化解社会矛盾、助力精准扶贫等各项工作提供了强有力支撑。

弘扬传统文化，道德引领蔚然成风

扶余市注重发挥传统文化、乡贤文化的突出作用，发掘和宣传农村道德楷模，树典型、立标杆，通过身边"看得见"的感召力，让群众受到熏陶。扶余市共培树"中国好人"1 名，各级各类好人标兵 1 600 多名，并把群众公认的道德模范、"身边好人"等作为乡贤典型，大力宣传他们的事迹。

扶余市发挥以张利为代表的乡贤作用，为他们提供农民讲堂、传统文化论坛等广阔舞台，利用农村结婚典礼或老人生日庆典等时机，让他们从身边的"家长里短"讲起，义务进行道德宣讲，引导人们恪守道德，积极培育优良家风。在张利等人的帮助和感召下，许多"浪子"重新做人，濒临破裂的家庭重归于好，不孝子女开始尽守孝道，婆媳、夫妻、邻里关系变得更加和谐，乡风也变得越来越文明。

过去，由于村风不好，许多小伙子找不到对象。随着村风转变，不但农村青年婚姻问题解决了，甚至许多女孩儿结婚都主动不要彩礼。一些村匪屯霸也纷纷痛改前非，成为精神文明建设的带头人，成为村民信任的新乡贤。

道德的引领、文明的乡风，为村级党组织增强了战斗力，密切了党群干群关系，使党的政策在农村得到快速落实。农村改厕、环境整治、垃圾处理、邻里纠

---

① 中华人民共和国农业农村部网站：扶余市实施"三项"工程助推乡村全面振兴，http://www. moa. gov. cn/xw/qg/201903/t20190304_6173169. htm，访问日期：2019 年 3 月 4 日。

纷等难题都得到化解。

发展志愿队伍，文明示范和谐万家

扶余市每年上千场次的传统文化学习，让农民行为有规范，价值有引领。共同的价值观凝聚越来越多的农民参与志愿服务，农民志愿者队伍从开始的几百人增加到 1 万多人。志愿者本着"自愿、自发、自费"的原则，累计投资 7 000 多万元，用于村庄环境卫生综合整治。仅 2017 年一年时间，全市志愿者为村庄硬化道路 100 多公里，栽种果树、松树 5 万株，鲜花 300 万棵，集中处理垃圾堆 1 347 个、柴草垛 950 个，改善了农村环境卫生面貌。

志愿者还主动关心帮助本村庄有困难的村民。这种互助不仅体现在志愿者和村民之间，在各乡镇、村庄之间也同样发挥了重要作用。志愿者义务出工帮助其他乡镇和村庄修路，安装路灯，发展经济等，形成了村帮村、户帮户的文明和谐新景象。

2017 年 9 月，更新乡两个村遭受龙卷风袭击，44 户、112 间住房遭到不同程度损坏。近 600 名志愿者及时赶赴现场，加入重建队伍，使原本要花费大量时间和财力的灾后重建工作，在短短几天时间内就迅速完成，村民生产生活迅速恢复，不仅展示了志愿者的强大力量，还温暖了一方百姓。

建设美丽乡村，乡村振兴锦绣前程

2018 年，扶余市把村庄环境整治好、志愿服务基础好的 6 个乡镇 43 个村集中统一规划，加快推进美丽乡村示范区建设。

扶余市成立了由书记、市长担任组长的美丽乡村示范区建设领导小组。各乡镇也成立了领导组织，明确了乡镇党政一把手是美丽乡村建设的第一责任人，村支书是美丽乡村的"一线总指挥"，形成层层抓落实的良好局面。

扶余市聘请吉林省城乡规划设计院为示范区进行整体规划设计，同时开展阳光操作，把农民群众的参与贯穿于美丽乡村建设全过程，确保农民了解规划、支持规划。工作人员多次入户踏查，坚持设计理念符合实际、接地气。如此初步形成了以美丽乡村建设总体规划为龙头，村民需求和村庄整治为重点，挖掘乡土文化为特色，科学绘就美丽乡村蓝图。

2018 年，扶余市共投入资金 4 200 万元，修建文化墙 4 万延长米、乡村道路

11.2公里、村内巷路8.4公里，补栽松树2692棵，新建厕所1000个；新建、改建文化活动中心4个，集中打造的5000户"美丽庭院、文明之家"成为提升乡村群众生活品位的样板。

　　村村有特色，户户成精品，村路沿线变为风景长廊。扶余市已把美丽乡村示范区建设成为可借鉴、可复制、可推广的集中连片的省内高标准的示范区。一个更加秀美、文明、幸福的新扶余一路向前。

（尚桂华）

文明乡风刮起来[①]

夏秋时节,走进扶余市"美丽乡村",不禁被那花团锦簇、绿树成荫的街景所陶醉。在城市,这样的绿化美化并不罕见,但在相对落后的农村,能有这样的景致,着实令人惊叹! 触动心灵的,不仅是乡村美景,还有那扑面而来的文明乡风——

告别"脏乱差"　乡村变化大

平坦整洁的柏油路,两侧树木苍翠,鲜花盛开,路灯高耸,墙上有宣传画,空中有宣传牌,长长的村路,俨然成了一眼望不到头的大花园。这是扶余市弓棚子镇双盛村香水泉屯的街景,也是扶余市众多"美丽乡村"的一个缩影。

香水泉,一个听起来就很美的名字,可是,原来的小屯并不美,而且还是出了名的"脏乱差",屯名就叫"臭水坑"。那是在 1990 年以前,这个屯地势低,屯中有 6 个常年积水的大坑,村民们把这些坑当成垃圾场,日常的生活垃圾都往这里扔。夏季,坑里散发出刺鼻的臭味。后来,在"乡贤"刘佩文老师的劝导和带动下,在村党支部的引导下,村民们开始自己动手,义务清理垃圾,垫道填坑,每天清扫街道,使屯里的环境变了样。接着村民们又主动捐款,义务出工,绿化美化村庄,栽树种花、安装路灯、修建仿古牌楼式迎宾门、制作道德宣传牌……昔日脏乱差的村庄环境焕然一新,越变越美,小屯也更名为"香水泉"了。

肖家乡王家村也是较早"变脸"的村庄之一。张利是村里的乡贤,他经常为村民们调解家庭纠纷,久而久之,十里八村谁家有了解不开的疙瘩,都去找他给"说道说道"。张利越说名气越大,村民们信服他,和他一起做好事,改变家乡面貌。如今的王家村,已是声名远播。

[①] 文明乡风刮起来,载《吉林日报》2018 年 11 月 1 日(第 7 版),http://jlrbszb.cnjiwang.com/pc/paper/c/201811/01/content_66605.html.

村容村貌的变化，其实折射的是人们精神面貌的脱胎换骨。环境美了，人心齐了，参与公益事业的村民队伍不断壮大，也辐射带动了越来越多的周边村庄。

董桂芬退休前曾任扶余市(县)委宣传部部长。她对扶余市乡村的变化看在眼里，感动在心里。她说："最初不太理解村民们的举动，他们经常聚在一起听老师讲课。我们也悄悄跟着听，原来都是讲家庭伦理道德和传统美德，传播正能量。再看到很多乡村的可喜变化，感觉村民们很了不起。他们不等不靠，自己动手，改变家乡面貌，精神值得弘扬。"在董桂芬的积极推动下，热心公益的村民们加入了志愿者组织，2011年，扶余市精神文明志愿者协会应运而生。

如今，农民志愿者队伍遍布100多个村庄，有3600多人。他们成为扶余市"美丽乡村"建设的主力军，也是弘扬传统文化、传统美德，培树社会新风的带头人。

姑娘找对象　注重看人品

姑娘找对象要彩礼，是民间的传统习俗。而且近年来农村彩礼的数额不断上涨，让很多准备给儿子娶媳妇的家庭不堪重负、苦不堪言。社会呼唤移风易俗！

在整洁明亮的肖家乡王家村文化大院，记者见到了21岁的滕雪婷，她是王家村老张家的儿媳妇，年轻漂亮，白净的圆脸庞，一双大眼睛忽闪忽闪的，笑容可掬。很难相信，她已经是一位宝妈了。滕雪婷说，她娘家在弓棚子镇，找对象是王家村张利老师给牵的线。当时她和对象张赛华都是志愿者，一起外出学习，互相照顾，感觉挺投缘的，两个人相处了9个月，就谈婚论嫁。对象家只有一个男孩，她也没想要彩礼，该准备的东西，婆家也都给准备了。结婚后她一直跟公婆住一起，公婆把她当亲闺女一样看，对她特别好。对象常年外出打工，在工地做架子工，一个月能挣上万元，家里还有地，归到合作社了。平时她和婆婆除了照顾小孩，有时间就在村里做公益活动。

别看现在的滕雪婷彬彬有礼，曾经的她也很叛逆。原来，她因为迷恋上网、玩游戏，16岁就不念书了。她回到家，还带动已经出嫁的姐姐一起上网玩儿，导致姐姐家庭不和闹离婚。姐姐的婆家急了，赶紧去王家村请善于调解家庭矛盾的张利老师。经过张利的动之以情，晓之以理，聪明的滕雪婷醒悟了：为了父母的晚年幸福,为了自己的前途和未来,她答应改掉不良习气,开始一边学习传统文化,一边做义工。后来,就有了与张赛华喜结良缘的佳话。

在王家村,不要彩礼的媳妇可不止滕雪婷一个,粗略一算,已经有 9 个人了。像刘利国的媳妇王淑娟,赵金来的媳妇邢飞……邢飞大高个儿,热情直爽,今年 33 岁。她说,2008 年自己嫁到了王家村当时最穷的人家。这家有两个男孩,住土房,结婚时自己啥也没要,婆家给拿来 3 万元钱。后来为了给公公看病,自己又把钱给了婆婆。当时,自己妈妈很惊讶,问她:"咋想的?"姥姥也很生气,说妈妈没正事儿,好好的姑娘,白给人家了。从 17 岁开始在外面打工的邢飞有自己的想法,"我找的是丈夫,如果人不行,给多少钱都没用,如果人好,不愁日子过不好。"邢飞就是看上了赵金来的"优秀",他学习传统文化,温文尔雅,有技术,两个人情投意合。如今,赵金来在外面打工,收入不错,邢飞跟公婆住在一起,抚育两个孩子,家里早就买了五间砖瓦房,还有车,日子和睦幸福。

因为王家村的村容美丽整洁,民风文明淳朴,很多姑娘都愿意嫁到这里来,村里适龄小伙已经没有单身的了。"嫁到这里,就是掉福堆里了!"年轻媳妇王淑娟笑着说。

家中办喜事 婚庆不收礼

姑娘出嫁不要彩礼,已经挺新鲜了,在扶余市还有更出奇的事儿:办婚礼不收礼金!东道主还为宾客们奉上一场接地气儿的"精神盛宴"。

8 月 18 日,三岔河镇十四号村龚保海儿子结婚,在家里举办庆典。宾朋落座,龚保海对 300 多位前来贺喜的老亲少友和乡邻们宣布:儿子结婚不收礼金,要请张利老师为大家讲一堂道德课。现场顿时掌声一片。

在办喜事时给来宾们讲课,是扶余市逐渐形成的风气。主讲人张利是基层宣讲员、道德模范,他从夫妻相处之道切入,讲到家庭和谐之道、立身行道、奉献社会,以事明理,深入浅出地为大家上生动的思想道德教育课。贴近生活、贴近人心的道德宣讲,入脑入心,村民们听不够。

道德宣讲结束后,很多人都说:"这样的新式婚礼办得真是太好了!不但使新人和亲友明白了道德是家庭和谐的基础,还为社会树立了新风正气,值得我们学习和推广。"

龚保海为啥给儿子办喜事不收礼金?原来,他是一名精神文明志愿者。

2021年，十四号村成立志愿者分会时，龚保海就报名加入，并且非常支持分会会长原德峰的工作，积极参加净化、绿化、美化、亮化街路、努力改善村民居住环境的志愿服务工作。在改善人居环境的同时，会长原德峰坚持对志愿者进行道德教育。他带领本分会的33名志愿者积极参加扶余市精神文明志愿者协会组织的各项活动，定期举办道德讲堂，使全体志愿者的道德素质不断提高。

2018年，龚保海准备给儿子办婚事。怎么办这场婚礼，龚保海和妻子林亚珍认认真真地商量一番。夫妻俩觉得：精神文明志愿者不仅要带头改变村容村貌，还要带头改变村风民风。当前，农村盛行办事收受礼金，给人们带来很大的经济压力。作为精神文明志愿者，应该带头破除这种陋习。于是，夫妻俩决定从自己做起，给儿子举行一场别开生面的结婚庆典。

无独有偶。2017年9月16日，弓棚子镇镇山村的邵桂范女儿结婚，也提出不收礼金。前来贺喜的志愿者和村民共计500多人，一起聆听了张利老师宣讲的家庭伦理道德课。邵桂范也是一名精神文明志愿者，2012年，她加入村里的精神文明志愿者团队，不但积极参加村里的各项志愿服务活动，还悉心赡养、照顾瘫痪在床的公婆。言传身教，她家的两个孩子都非常懂事，孝敬老人，品学兼优。

扶余市精神文明志愿者协会党总支书记佟景芝说，协会已经有了不成文的"规矩"：志愿者家中办喜事，附近村庄的志愿者来贺喜，主人不收礼金，或只象征性地收几十元贺礼，提供喜餐，还要宣讲伦理道德。这种移风易俗、喜事新办的形式，受到越来越多人的欢迎。

村邻有困难　大家出手帮

不收礼不是不通人情，志愿者守望邻里，大爱无疆。帮助村邻解决生产生活困难，出钱出力，在扶余市一些乡村屡见不鲜。

镇山村孙家崴子屯60多岁的曹海兰，和瘫痪在床的小儿子一起生活，住在低矮破旧的房子里。今年夏末的几个阴雨天，使得房子多处漏雨，无法居住。村党支部决定为曹海兰翻盖房子。翻盖房子得把旧房扒掉，曹海兰没有这个能力，雇人扒又没有钱。10月初，正当曹海兰愁得吃不下饭时，孙家志愿者分会会长李景信带领全体志愿者来了，他们无偿为曹海兰把旧房扒掉，还把院子收拾干净，解了曹海兰的燃眉之急。

两年前,弓棚子镇双胜村村民周庆丰家突然失火,三间房烧得片瓦无存。村里的志愿者立即捐款捐物,义务出工帮周家建房。陶赖昭镇西三家子村、弓棚子镇东胜村、蔡家沟镇里半号村的志愿者,也都分别捐款或义务出工,帮助村里的困难村民翻建新房。

2017年9月5日,更新乡新红村九间房屯突然遭受龙卷风袭击,44户村民家房屋受到不同程度的损失。附近村庄400多名农民志愿者得知消息后,纷纷前去救灾,他们把受灾现场清理好后,又帮助受灾户恢复或重建房屋。

各村庄的志愿者还经常走访本村庄的孤寡老人或智力不健全的人,及时帮助他们理发、缝补、浆洗或收拾室内外卫生。下沟村五保户张方勋,80多岁,生活不能自理,志愿者就轮班去他家做饭、洗衣、收拾屋子。该村的乡医、志愿者李英海无偿为老人送医送药。

农民志愿者所居住的村庄,谁家如果有人生病耽误农活,志愿者就帮助他们春种秋收,解决生产难题。

扶危济困,孝老爱亲,邻里守望,农民志愿者把传统美德落实在日常生产生活大事小情之中。他们还在空闲时学习传统文化,自编自演精彩的文艺节目,寓教于乐。

德不孤,必有邻。扶余市美丽乡村的文明新风越刮越猛,吸引了省内外很多地方的干部群众来参观学习,一拨又一拨,文明的种子在播撒,将会在更多的乡村沃野盛开文明之花。

(韩雪洁　王文辉　马贺)

第五部分　乡土公益的学理分析

第五部分摘录的是吉林大学社会学研究团队近年来以扶余市精神文明志愿者协会为个案撰写的学术论文和报告，以从学理的角度促使读者进一步思考农民志愿者行为背后的基层社会治理逻辑。同时，我们也邀请国内知名中青年学者对扶余案例进行简短评述，旨在通过不同的学者，从多个角度，解读志愿服务对于助力乡村文化振兴，以及发展中国式现代化具有的深远意义。

乡土公益与农村社会治理创新的"扶余经验"[①]

芦恒　周兴晨

现阶段"村政民治"的农村社会治理模式似乎难以达到调动农民积极性,实现村民自治的目的。笔者通过对吉林省扶余市农民志愿者组织开展乡土公益的分析,发现其中新的经验和启示,提出一个适应当代农村社会变迁的"政治、经济、德育、善为"多元谐治的社会治理新模式。

一、现阶段农村治理模式的反思

农村社会治理是指在国家既定的体制、制度的框架下,运用农村公共权力对农村地区进行领导、调控、管理和共治以实现农村社会有序发展所形成的一种范式。[②] 改革开放以后,完全依靠行政命令,政府对基层全权统治模式被"村政民治"的治理模式所取代。"村政"是指依靠国家制度的强制力,以依法民选为基础组织自治机构,形成一定程度的集权进而形成内生的行政效力。"民治"是指村民依据意愿行使民主选举的权利,强调村民自己处理社会公共事务,享有高度的自治。但随着城镇化、利益主体多元化等带来的多重挑战,其模式的局限性也逐渐暴露。一方面,村民自治的过度行政化,扮演了国家行政体系"末梢"的角色。当村委会运行由自愿动员转变为行政命令时,会在不同程度上损害村民的利益,使村委会遭遇信任危机。另一方面,农村社会治理主体较为单一,难以充分调动社会资源。在乡村社会利益格局多元化、问题复杂化的背景下,基层村委会以完成上级政府的指令为主。农村社会治理模式亟须满足农民多元化需求的多元化治理新模式。

[①] 原文《"政经德善,多元谐治"型农村社会治理创新构想——以吉林省扶余市农民志愿者组织为例》,载《吉林农业》2015年第1期。收入本书有所改动。

[②] 于水、杨萍:《有限主导—合作共治:未来社会农村社会治理模式的构想》,《江海学刊》,2013年第3期。

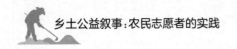

二、乡土公益助力乡村治理的案例

在传统"村政民治"模式出现危机之时,吉林省扶余市的农民志愿者通过开展乡土公益参与乡村治理。这一新模式值得借鉴。近年来,该市活跃着一支以村容建设和农村德育为主要内容的农民自发建立的"精神文明志愿者"队伍。该志愿者团队由当地乡贤张利和刘佩文发起,并通过道德宣讲、发展志愿服务带头人等手段不断发展壮大。2011年5月,扶余市(县)委宣传部牵头成立"扶余市精神文明志愿者协会",至今已形成了分布123个村屯,规模达到3 000余人的志愿者队伍,逐渐成为除了村委会、合作社之外的农村社会治理新主体。此类农民公益组织具有以下特点:

其一,内生性。与大学生志愿者、政府机构志愿者、慈善公益组织等外在力量提供志愿服务不同,扶余的农民志愿者都是农民。他们自愿为本村建设出钱出力,体现出强烈的内生性和乡土性。此类乡土公益模式为基层农村公共服务提供坚实的人力基础,同时保证志愿服务的持久性和延续性。

其二,基层文化性。不仅是参与村容建设,该志愿者组织强调将传统美德的传播作为志愿服务的重要内容。志愿者利用村里人结婚或老人过生日等人多的机会,以"三句半""道德讲演""道德小品"等农民喜闻乐见的形式,主动开展道德宣讲,宣传孝、悌、忠、信、礼、义、廉、耻等传统美德,以激活传统文化道德资源的形式践行社会主义核心价值观。这些形式有利于农民自身对传统伦理道德的内化和认可,解决了乡村思想教育分散较难组织的难题,最终实现了农民的自我服务、自我教育、自我管理。

其三,基层治理性。除了村党支部、村委会、生产合作社、老年协会等农村社会治理的载体之外,村民志愿者组织成为农村和谐治理的新型主体,发挥着村民自身的积极性。志愿者组织不仅投身于生产合作社的互助劳动与村务管理之中,还能积极推动农村公共文化建设。例如,扶余市肖家乡王家村的志愿者自愿捐款,耗资近70万元,将空闲村小学改建为近5 000平方米的文化大院,为村民提供文体活动以及学习传统文化的场所。

其四,乡贤动员性。村民志愿者组织充分发挥了以乡村医生、乡村教师、乡村匠人、退休干部等为代表的德才兼备的新乡贤,在动员村民参与自我管理、自我教育、自我服务等方面发挥了重要作用。扶余市的乡土公益首先是在乡贤刘佩文和张利两人大力宣传传统文化和倡导村民德育的基础上发展而起的。志愿者们也都对其高度赞誉,认为正是由于乡村贤人的教化,才促使当地农民践行了中国传统的伦理道德,积极参与到农村志愿服务中来。

其五,长期性。当地的农民志愿者自 20 世纪 90 年代初期就开始进行义务扫街的志愿服务活动,已经持续了近 30 年的时间。这种新型志愿服务形式克服了当下一些志愿服务时间短、盲目性、流于形式、服务与需求难以对接等弊端。

三、农村社会治理的"扶余经验"

鉴于对扶余市农民志愿者的经验的借鉴,政府要转变农村社会治理思路,重视农民内生力量,推动建立多元谐治的农村社会治理模式。我们尝试将扶余体现出的治理模式概括为"政经德善"多元谐治模式。所谓"政经德善",对应着农村社会中四个治理主体,即政治主体——村党支部、村委会;经济主体——合作社;德育主体——乡贤;善为主体——志愿者组织。"多元谐治"是指"政治、经济、德育、善为"等主体和谐治理的农村社会治理模式。具体来说,体现在以下几个方面:

第一,政府转变农村社会治理思路,重视农民内生力量。农村基层社会在治理过程中出现了过度行政化的问题。政府应在顶层制度设计的高度上,转变过去单一的行政化控制的治理思路,给予乡贤、农民志愿者等农民内生力量以充分的肯定与支持,利用农村自身资源实现自我发展,着重开发农民自身潜力,激活农村社会活力,实现自我长效稳定发展。这是多元谐治模式得以实现的政治前提。

第二,"乡贤志愿者"成为农村治理的新主体。在"村党组织、村委会"开展行政管理,"合作社"发展农业规模经济的基础之上,带头开展乡村公益志愿活动的乡贤,可被视为"乡贤志愿者"。该群体作为新主体参与农村治理的作用不可小觑。"乡贤"是指在本地有一定声望,并在某一方面有突出贡献和才能的地方性人才。而从未离乡离土的乡村能人的作用,更是应该被激活的乡村治理资源。与强调乡贤返乡建设家乡的浙江上虞模式不同的是,扶余经验更为重视挖掘守土守乡的本土乡贤资源,使其发挥社会声望高的优势,开展道德教育,建立村民志愿者组织,参与村容村貌建设和村级公共事务管理,培育新型农村公共性。

第三，"德育"与"善为"成为建构新型乡土公共性的重要手段。"公共性"是指在维护私人权益的基础上，公共权力机构公正分配公共资源，同时激活私人的公共意识，共同参与到资源的合理分配中来。农村实行家庭联产承包责任制后，相伴而来的是人口外流现象。其背后是农村公共性危机，特别是农业税取消之后，乡镇的公共服务功能衰退，基层政权、村委会与农民的关系日益趋于"悬浮"状态，处于原子化状态的农民的公共意识难以被激发。扶余经验中的"德育"和"善为"较好地解决了这一难题，成为建构新乡土公共性的重要手段。农民志愿者在农民认知方面重视"德育"的重要性。乡贤开展以孝、悌、忠、信、礼、义、廉、耻为核心的传统美德教育。通过道德讲堂、文化论坛、小品等多种形式，将中国传统文化美德与社会主义核心价值观有机结合，并将其逐渐内化于每个村民心中。此外，扶余经验强调在农民的行为方面重视"善为"实践的重要性。乡贤通过身体力行的实践方式，利用自己在当地的社会声望，动员村民通过义务劳动、捐款捐物等方式开展公益志愿服务，他们不仅积极参与农村风貌建设，还引导村民摒弃赌博、酗酒等恶习，转变社会风气。

第四，"谐治"成为农村新型治理模式的核心框架。所谓"谐治"，是指治理主体各方形成一种目标明确、权责合理、交叉互动、互为依托的关系，形成一种系统化的治理架构。①目标明确。不论农村社会中存在多少治理主体，但是共同的目标只有一个，即建设构建和谐美好的农村社会环境，实现乡村振兴。只有目标明确，才能达到促进各方合力，力量集中，收到事半功倍的效果。②权责合理。村级党组织、村委会、合作社、乡贤、农民志愿者等村级治理的四大主体都有各自的分工职责。村级党组织、村委会负责政策与资源的上传下达，处于行政管理层面；合作社为农村建设提供经济基础；乡贤在开展德育教育、动员村民方面作用突出；农民志愿者则是其中最活跃的力量，是道德教育的践行者，更是村屯各项事业建设的核心力量。③交叉互动，互为依托。"谐治"并非分治，而是一种互动式的和谐治理。以乡贤开展的德育教育为整合核心，村级党组织、村委会负责村中行政事务，同时给予农民志愿者大力支持；农民志愿者带动普通村民开展道德文化建设，提升村民文化素质，使村级党组织、村委会的管理更加方便；合作社在受到农民志愿者的帮助和支持的同时，村级党组织、村委会可以从行政系统中为合作社争取资源。各方在相互支持中得以发展，形成一个和谐良性的农村治理系统。

四、结论与进一步构想

"政治、经济、德育、善为"和谐治理的农村社会治理模式是在扶余市农民志愿者经验的基础上,经过我们提炼与总结而提出的农村社会治理的新构想,也被称为乡土公益的"扶余经验"。实践证明,中国农民具有巨大的创造性,农村社会是制度创新与探索新模式的广阔土壤。基层政府只有立足农村社会,充分调动农民自身的积极性,实现真正意义上的村民自治,依靠农村内生力量,才能破解农村社会治理的难题,才能促进农村社会延续与进步。当然,依靠内部力量发展自身的同时,也需要借助外部资源助推发展。例如建立高校资源与农村志愿服务对接机制。高校可以组织志愿者或社会工作的专业团队以暑期活动或专业实习的形式进驻当地村屯,在其中扮演协调联络与鼓励支持的角色。该模式利用大学生的活力与创新意识辅助乡贤进行道德宣传。社会工作专业团队可以利用个案心理辅导、小组工作、社区工作等专业知识帮助农民志愿者队伍朝专业化、高效化、体系化的方向发展。这些方面的建设需要多种主体在未来的实践中进一步探索其可行性,农村社会未来的新型发展模式的建立任重而道远。

参考文献:

［1］费孝通:《乡土中国》,北京:人民出版社,2012 年版。

［2］贺雪峰:《新乡土中国》,北京:北京大学出版社,2014 年版。

［3］王一:《农村社区建设与基层秩序重建——关于农村社会管理创新的探索》,《山东社会科学》,2013 年第 11 期。

［4］田毅鹏:《村落过疏化与乡土公共性的重建》,《社会科学战线》,2014 年第 6 期。

［5］钟涨宝,狄金华:《社会转型与农村社会管理机制创新》,《华中农业大学学报(社会科学版)》,2011 年第 2 期。

农民志愿者组织与
"双向动员型"乡村治理新模式①

芦恒　陈仲阳

"动员"是指对资源、人力和人的精神的发动，在基层治理、脱贫攻坚、乡村振兴等方面具有广泛深远的应用性。其中，"双向动员"应成为推动新时期农村治理创新的新动力。在基层农村动员中应将以传统的政府组织和本土志愿者组织为代表的农村新生力量结合起来，展开双向度的动员工作。本文依据吉林省扶余市农民志愿者参与农村治理的经验，探讨"双向动员型"农村治理新模式对于新农村建设的重要价值和意义。

一、"双向动员型"村治模式的特点

当前我国正大力开展乡村振兴战略，其核心在于推动农村治理模式创新，其基础又在于动员农村政治、经济、道德等各类资源。政府的权威性动员和农村民间志愿者团体的道德性动员相结合的"双向动员"，正成为农村治理创新的重要内容。其特点有两个方面：

第一，动员主体多元性。解放后，人们的私人与公共生活都是依靠组织安排。农村包产到户以来，农民也处于"原子化"状态，传统的集体动员方式日益式微。但是，近年来农村一些地区自发建立的志愿者组织逐渐成为动员农民参与互帮互助，以及公共服务的重要力量。以笔者调研的吉林省扶余市为例，该市活跃着一支以村容建设和农村德育为主要内容，农民自发建立的"精神文明志愿者"组织。该组织由乡贤刘佩文和张利发起，并通过道德宣讲发展志愿服务带头人等手段不断发展壮大。经过近 30 年的发展，2011 年 5 月，扶余市委

---

① 原文《"双向动员型"农村治理新模式探析——以吉林省扶余市为例》，载《改革与开放》2015 年第 6 期。收入本书部分内容有所改动。

宣传部牵头成立"扶余市精神文明志愿者协会"。至今已形成了分布123个村庄,规模达到3 000余人的志愿者队伍,为村务活动和乡村建设活动的有效开展做出了巨大贡献。由此可见,农村治理当中的动员主体应当是多元的,既要有政府的组织性调动,又需要有源于民间、代表村民利益和价值取向的志愿团体进行有效协调。

第二,动员手段多样性。多元的动员主体,必然产生多样的动员手段。从政府角度来说,可以依据其组织权威和对资源的控制力,有效地开展具有规范性和整合性的动员工作。例如运用报纸、电视台等大众媒介对农村建设工作展开传媒动员;合理有效地整合资源进行农村基础设施建设;举办社会活动进行参与动员等。从民间角度来说,民间团体扎根于群众,反映民众的利益及价值追求,能根据现实情况有效进行动员。例如,扶余市农民志愿者组织的建立将"官民"资源进行有机整合。一方面,政府动用媒体对志愿者组织积极进行宣传,发动村民自身义务进行村容建设,并且以公益道德讲堂的形式进行中国传统文化道德宣讲;另一方面,志愿者协会及乡贤个人则根据各村的问题需求进行环境美化、公共设施维修、扶助贫困群体等公益性工作。依此看出,动员手段多样,动员的可操作范围也就得以延伸,最终也使得农村整体的发展和治理目标得以实现。

二、"双向动员型村治模式"的主要内容

如前所述,政府自上而下的"权威性动员"与民间自下而上的"道德性动员"相结合的村治模式,具有双向度的二维结构。政府于其中充当领导者的角色,民间自组织充当协助者的角色。政府以其官僚科层制的组织性,及其组织权威推动社会动员的规范开展,自上而下地整合和分配农村公共资源。民间自组织代表反映民意,依据农村生产、文化生活活动的实际需求,自下而上地发挥辅助性作用,在很大程度上减少了政府的工作负担。更为重要的是反映了民生诉求,这也为政府提供了政策制定的风向标。

在这一结构之下,农村治理所需的社会动员方式也就丰富起来,大体可分为"参与性动员""竞争性动员"和"内化性动员"三类。①"参与性动员"是指村内公务的顺利执行,政策的有效实施,农村的生产建设等工作都需要动员村民来广泛参与。动员村民的参与既需要大众传媒积极宣传报道,又需要政府组织

开展社会活动来造势。此外，还得依靠农民志愿者组织等农村民间团体进行情理性推动，一是做好模范作用，带头参与各类乡村事务；二是进行通俗的宣传教育，将观念潜移默化地深入人心。②"竞争性动员"是在村民参与的基础上，激发村民参与农村公共事务的公共意识。这就需要一定的竞争动员。即在农村的治理过程中，通过建立一套完善的指标评估体系，结果与奖惩直接挂钩。例如，政府设立"排行榜""评议会"等切实可行的竞争体系。在扶余市的农村治理当中，政府按照各村村民在参与公共事务、生产建设过程中的贡献这一标准，进行资源分配，对于主动积极组织志愿者参与公共事务的村庄，分配更多的公共资源以及相应的荣誉。这一竞争性规范也有力地调动了村民积极参与志愿服务的积极性。竞争动员一方面利用人的情面心理，对村民进行参与调动，唤起村民的参与热情；另一方面，竞争者是直接参与的，没有中间环节，可亲身感受到竞争激烈的程度，并且竞争结果直接关系到村民的利益，这是竞争动员的动力之源。③最高层次的动员则是内化性动员，通过社会动员来建立共识、达成共意。"内化性动员"具体是指个体的内部心理结构同外部的社会文化环境相互作用，并对后者加以选择和适应的过程。因此，动员村民参与农村治理，最重要的是要让农民对其产生价值认同，而非直接的机械参与。内化动员的第一步是观念内化，通过一系列的宣传、引导和教育工作，让村民在乡村振兴中树立主人翁意识，认为自己就是农村建设与治理的重要主体。观念内化之后，最终还是要转化成行动上的内化。政府要发挥志愿服务典型的模范带头作用，挖掘和促进每个村庄"志愿服务积极分子"的价值观念号召与引导作用。扶余市以王家村的农民文化大院为基础，发动乡贤能人举办公益讲堂，进行动员宣讲，乡贤志愿者发挥自身模范作用，率先落实政策及农村建设工作；二是以村为单位，开展志愿者讲堂，将传统道德以及党的方针政策转化成通俗易懂的语言，以聊家常的形式，结合身边事例将其普及开来，成为农村德育工作的重要部分。

三、双向动员型村治模式的再思考

"双向动员型"村治模式在各村庄的深入普及，极大地推动了农村生产和公共文化事业的发展，但同时出现了诸如形式化、感性化、工具化等问题，值得研究者在学理和实践上进一步提出完善之策。首先，该模式需要建立在理性判断的基础之上。这是因为社会动员的正常进行，有赖于它本身广泛的参与性、明确的目的性和理性的秩序性。尤其是如果缺乏其中的目的性和秩序性,动员则不可避免地呈现出一种情绪化色彩。这种情绪化色彩一旦形成,将对社会秩序产生严重的危害①。因此,双向动员型村治模式首先应当依据各村的实际情况,并在明确的目标和一定的程序规范下开展动员活动。

其次,动员实践应当具有反复性。不论是对于政府,还是民间团体而言,动员实践绝非一蹴而就之功,而是一个累积、反复的过程。从动员主体的实践方面来看,社会动员要实现一定的目标,往往要分解成不同阶段的小目标逐步完成,要用社会动员实现的阶段性成果进行反复不断的强化动员,使村民提高对政府和民间团体的信任感,增强参与公共实践的精神动力。从动员对象方面来看,反复的动员实践能够激发人们的参与热情和潜能并保持一定的兴奋性。因为社会动员的承受能力是有一定限度的,不可能保持长期的兴奋状态。为避免动员的效果出现减弱或者是衰退,动员实践中尤其应注意动员的反复性和周期性②。其次,动员过程中要注意"官民沟通"。在双向型动员模式实践过程中,政府与民间组织之间需要建立顺畅的沟通机制,双方对动员工作要具有统一的认识。只有在统一意见、统一价值和标准的基础之上,才能高效地展开动员合作。政府在其中应当保持主动性,对民间自组织予以导向性的观念引入。

最后,我们要注意防止假象性的动员。有些地方及农村为了获得社会关注,刻意发动群众以营造社会声势。这样就背离了动员的实际需要,动员的目标脱离于农民的真实需求,易导致民众对社会动员形成一种麻木状态,阻碍今后动员工作的有效开展。如此政府也将逐渐失去组织权威,民间自组织也将逐渐失去发展动力。

四、结语

实现脱贫攻坚、乡村振兴、共同富裕等战略目标,需要持续的社会动员。但仅依靠传统的自上而下政府权威性动员,已不足以适应农村社会转型的复杂形势。我们在对扶余市农村治理模式的探究中发现丰富的动员主体是农村治理创新重要内容。只有利用双向度的动员结构才能同时发挥参与动员、竞争性动

---

① 吴忠民:《重新发展社会动员》,《理论前沿》,2003 年第 21 期。
② 甘泉:《社会动员的本质探析》,《学术探索》,2011 年第 12 期。

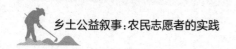
员、内化性动员在促进农村治理创新,重塑乡土公共性等方面的关键性作用。

参考文献:

［1］费爱华:《新形势下的社会动员模式研究》,《南京社会科学》,2009 年第 8 期。

［2］张孝芳:《中国共产党对乡村社会的政治动员——一种建构主义分析》,《宁波党校学报》,2008 年第 2 期。

［3］吴忠民:《重新发现社会动员》,《理论前沿》,2003 年第 21 期。

［4］甘泉:《社会动员的本质探析》,《学术探索》,2011 年第 12 期。

基层社会治理中的
内生型志愿力量培育路径探析①

芦恒 张蕾

我国的基层社会治理经历了由新中国成立以来实施的行政全能主义的管理模式,演变到改革开放以后的"去行政化"的街道及村委模式。直至现今,国家仍然在探索中国特色的基层社会治理模式。所谓治理,不同于管理,其主要有四个特征:治理不是一套规则,而是一个过程;治理过程的基础不是控制而是协调;治理不仅涉及公共部门,也包括私人部门;治理不是正式的制度而是持续的互动。② 在新时期新形势下,政府在基层社会中由管理模式转变为治理模式,意味着要保证基层社会健康、和谐、持续、稳定地发展,需要探索出一条由多元主体及多元方式通过有效互动,而实现基层社会和谐发展的路径。这是目前基层社会治理的方向所在。

内生型志愿力量与基层社会治理是政府主导下的基层社会管理模式。

中华人民共和国成立以后,基层社会嵌入国家行政职能体系,形成一种城镇中以单位为依托,乡村中以公社为依托的行政管理体制。作为国家与个人互动的中介,基层社会管理具有强烈的行政色彩,属于传达国家行政指令及福利发放的中间组织。这种高度集中的基层社会管理模式,形成了个体对国家的强烈依赖,国家权力渗透到基层社会生活的方方面面。改革开放以来,单一的基层社会管理模式无法适应市场、经济和社会发展的要求,逐渐解体,基层社区建设也就是在这样一个背景下发展起来的。政府原本想要通过建立承担基层管理职能的社区机构,去除过去基层管理模式中的行政化色彩。但我们从现今社区的机构及职位设置中仍然可以看出,社区仍然是政府行政职能的外延。

---

① 原文《基层社会治理中内生型志愿力量的培育路径》,载《长春市委党校学报》,2015 年第 3 期。
② 俞可平:《全球治理理论》,《马克思主义与现实》,2002 年第 1 期。

新形势下的新要求。随着市场经济体制改革的逐步深入,社会和人民生活都发生了根本性的变化。即,社会文化及生活观念逐渐多元化,民间组织开始发展,政府鼓励提倡民主政治建设,但同时,社会流动加剧,社会问题及不稳定性增多。总之,目前的社会环境在更加多元化的同时也面临着更多的风险。

党的十八大后,政府提出创新和加强基层社会治理模式,表现出想要改革基层社会治理模式的理念。政府力求在鼓励及倡导基层社会力量的自主与参与,培育他们的自治能力。从福利与需求的角度来说,基层社会力量既是治理的主体,也是治理的受益者。新型治理模式旨在整合基层社会居民的多元需求,协同基层社会力量,以民主协商为主要方式,构建基层社会治理的新模式。政府在这种治理模式之中主要充当的是资源提供者及组织管理者的角色,具体的运作则通过居民自治与参与来完成。

这种新模式要求真正避免基层社会组织的行政化趋势,激发居民自身的参与性及自主性。社区内部的志愿者队伍成为体现居民自主性的主要表现形式。笔者将其总结为培育内生型志愿力量。这种"志愿力量",强调志愿者性质,即无私助人,也具有一定的群众基础及组织基础。从志愿服务"求与助"的角度来说,内生型的志愿力量来源于一个熟人社区,由社区居民自主参与而形成。此类形式既能让志愿者真正倾听到来自基层的心声和需求,又可以在此基础上开展有针对性的服务,打通了"求与助"的通道,比起外助型力量,更具有效用和优势。同时,从社会工作"助人自助"的理念上讲,培育内生型志愿力量可以培育一支稳定的公共服务的队伍。更重要的是,可以激发出基层社会的民主参与性,培育基层社会居民的一种公共精神,从而加强基层社会中人与人之间的联系,提高凝聚力和和谐性,形成一个有旺盛生命力的基层治理系统。

一、"公共精神":缺失与传统根源

国内众多学者在研究创新基层社会治理模式时,都意识到了鼓励和倡导居民参与与自主的重要性。但在实践之中却面临着诸多问题。即,大多民间组织缺乏经验和自主精神,缺乏动员能力,居民对于参与社会公共活动缺乏热情等。笔者认为这是目前的基层社会治理面临的最主要的问题。基层社会中缺乏培育内生型志愿力量的土壤。因此,在鼓励发展内生型志愿力量的前提下,我们更需要探究的是:是什么导致了我国基层社会中这种"公共精神"的缺失?应该如何找回？精神是文化及日常生活的抽象体现。"公共精神"是指公民通过对公共事务的自由参与，而表现出来的对社会公益关爱与负责的精神品质。在公民精神的诸要素中，主体意识和权利意识是公民精神的基础，参与意识和参与行动是其集中表现。① 从历史主义的角度来说，我们要探究某种精神在社会中的缺失，就要回归到历史传统中去追根溯源。笔者认为从传统根源出发来分析"公共精神"的缺失，可以从两个角度入手。

第一，中央集权及政府管控的"公家社会"。中国有两千多年的封建社会传统，以儒家思想为正统的观念崇尚家国一体观，民安虽为国富的根本，但人民也应以国家社稷为己任。这种"公"的观念建立在维护政权统治的基础之上，本质上是"无我"之"公"，小农社会之中更是很少存在民众参政议政的行为。直至中华人民共和国成立之后，国家为快速地恢复经济、社会秩序，实施了大范围改革，通过行政的方式，包括农村地区在内，将居民整合在国家治理体系之下。由于长期的行政全能主义影响，基层社会的自治能力相对弱小。因此，在市场体制改革之后，国家意识到基层社会要逐渐过渡为自主自治模式，但由于历史原因，基层社会的这种"公共精神"较难培育起来。

第二，"伦理本位"的差序社会。传统中国社会奉行的是一套国家权力与地方权力相互结合、相互制衡的二元社会治理结构。古代社会中，由于交通、信息传递等多方面的限制，边远的集镇、农村地区受到中央的控制比较小，其公共事务的管理主要依赖于宗族或地方乡贤。梁漱溟先生认为中国人的"伦理本位"社会脱胎于"宗法社会"，宗法社会建立于家族伦理关系基础之上。人从出生开始，就始终在与人相关系中生活（社会），由此可知，人生实存于各种关系之上，此种关系即为各种伦理关系。……伦理始于家庭，而不止于家庭。② 可以看出，家族伦理是中国人生活之中的核心所在。用费孝通先生总结的"差序格局"来比喻，家处于波纹同心圆的核心，人际交往关系以己为核心向外逐渐推移。在以家族为首的伦理本位社会中，由于社会迁移和流动较少，亲缘与地缘也是重要的人际关系。个人要分清自己人和外人，熟人和陌生人，有关系的人和没关系的人。人的位置与关系都被固定在稳定的群体之中，遵循着自己的伦理义

---

① 魏娜、毛立红：《志愿服务，培育公民精神的新典范》，《南京工业大学学报（社会科学版）》，2009 年第 2 期。

② 梁漱溟：《中国文化要义》，上海：学林出版社，1996 年版，第 79 页。

务,对于群体之外的事务或者是没有伦理关系的事务和人,都持事不关己的态度。放眼至如今,社会流动加剧,原来传统社会形成的血缘、亲缘和地缘关系逐渐式微,部分农村地区尚有保留。但城市社区中人与人之间的联系和联结逐渐松散,"个体化"现象突出,大多似乎成了无关系的"陌生人"。

鉴于此,政府虽极力提倡基层社会治理中居民的参与自主,但由于历史传统的根源,基层社会中缺乏这种"公共精神",因此,培育内生型志愿力量的关键就在于激发基层社会的参与性和公共性。

二、内生型志愿力量:传统的链接与培育

基于以上分析,笔者认为,内生型志愿力量是基层社会治理的主体力量所在,但由于传统文化及历史原因,目前基层社会之中缺乏"公共精神"的土壤。我们想要培育这股力量,还是需要回归到传统文化之中,去找寻那些具有公共文化及公共意识的元素和精神传统。如孟子的"出入相友,守望相助,疾病相扶持,则百姓亲睦",《礼记》中所提倡的贤能者应该做到的"人不独亲其亲,不独子其子,使老有所终,壮有所用,幼有所长,矜寡孤独废疾者,皆有所养"。可见,伦理秩序对传统社会的影响在于规范人们的责任和义务,但在礼仪、德治、孝义等观念方面,先贤们所提倡的是建立一个互助和谐的社会。新时期下,由于社会正在面临着剧烈的转型,以及日益加大的风险和不稳定性,加之功利主义及消费主义勃兴,人们的日常生活中所缺失的也正是这些积极正向的精神及凝聚力。

笔者在之前的调研学习中了解到吉林省扶余市近年来兴起一支以村容建设和农村德育为主要内容的农民志愿服务组织。这股力量,正是由乡贤发起的。该组织通过动员、倡导及道德宣讲等主要方式,以国学经典为主要讲述内容,组织村民进行本村的村容村貌建设活动,并在基础设施建设及社会风气改善上取得了显著的成就。这是以内生型志愿力量为核心的一种多元协治的农村社会治理模式,值得多地借鉴与学习。迪尔凯姆将仪式视为具有增强作用的集体情绪和社会整合现象。仪式作为一种社会群体性行为,也是一种非正式的社会规范形式,社会群体与仪式存在一种双向互动的关系。社会学家和人类学家都认为,传统仪式不仅可以对成员形成一定的约束,更重要的是,能够强化群体内部的认同感,更多的时候,仪式也起到社会动员的作用。于中国而言,自

19 世纪鸦片战争以来,多次战乱毁坏了许多有影响力的传统精神及文化象征符号。在文化习俗的保留方面,农村社会比城市做得更好,城市由于受到市场化冲击比较严重,传统文化和精神的缺失问题更为突出。具体表现在传统节日的庆祝活动或是宗族活动,如传统文化和习俗保留得比较好的福建、广东等地区,多数家里都有祖先的祠堂或是灵位,家族观念较重,积极之处便是有很强的凝聚力。

在日益遭受理性化和利益化侵害、风险丛生的现代社会,借传统文化和习俗来找回人与人之间的联系,重塑凝聚力是培育现代中国社会"公民精神"的一条路径。与西方的自由主义精神传统不同,中国传统社会从来都不乏善德精神,但这种精神还欠缺一种凝聚力,也就是需要形成一股实践的公共力量。我们已经意识到了在基层社会治理中倡导居民自主、自治的重要性,在此基础之上,应当经由成功模式的推广以及政府的宣传鼓励,来动员组织起基层社会的志愿力量。虽然这种"公共精神"及自主参与性精神的培育需要经历相当长的时间积累,但在社会转型的浪潮之下,应该倡导这种正向精神的培育与激励。这样,才能让民众在国家的社会和谐建设与治理之中,为其助力的同时,也更好地享受发展带来的成果。

参考文献:

[1] 梁漱溟:《中国文化要义》,上海:学林出版社,1996 年版。

[2] 费孝通:《乡土中国》,北京:人民出版社,2012 年版。

[3] [法]爱弥尔·涂尔干著,渠东、汲喆译:《宗教生活的基本形式》,北京:商务印书馆,2011 年版。

[4] 袁祖社:《中国传统社会之"伦理本位"特质与民众"公共精神"的缺失:立足于现代普遍主义的公共性社会信念的反思》,《陕西师范大学学报(哲学社会科学版)》,2007 年第 5 期。

[5] 陈付龙:《中西公共意识生长的文化路径辨析》,《福建论坛(人文社会科学版)》,2009 年第 3 期。

[6] 魏娜、毛立红:《志愿服务,培育公民精神的新典范》,《南京工业大学学报(社会科学版)》,2009 年 6 期。

[7] 俞可平:《全球治理理论》,《马克思主义与现实》,2002 年第 1 期。

专家点评一："最后一公里"的乡土文明相遇

党的十九届四中全会指出要"健全志愿服务体系"。志愿服务是我国治理体系的重要组成部分，是我国激发社会活力的重要内容。从制度安排上讲，志愿服务是一种治理的安排；从居民自治等角度上讲，志愿服务是自发自治的领域；当把两个视角结合在一起的时候，志愿服务是我国新时代文明实践的重要体现，是党和国家、社会相互联结的行动内容。其一方面体现党和国家对民生等的重视，另一方面也体现我国基层社会的极大活力。扶余市农民志愿者志愿服务以其丰富的志愿服务实践，促进农村文明美丽，从志愿服务的角度解决"最后一公里"的服务问题，可谓是在"最后一公里"的文明相遇。该案例对我国志愿服务有三个较大的启发意义：

第一，志愿服务精神的本土性。从助力乡村生态建设和邻里互助等内容的不同案例上看，志愿者的行动反映了农民淳朴的本真性，帮助他人是基于由内而外的情感。助人行为基于自身的恻隐之心以及换位思考的想法。现代志愿服务的精神概括起来是奉献、友爱、互助、进步，是社会团结的体现。扶余市的志愿服务实践没有使用这些关键词，而是立足本村庄，以"村容整洁、邻里守望、乡风文明"为重点。不同的案例是这些志愿服务精神的诠释，也是一种本土性的诠释。

第二，志愿服务行动的乡土性。扶余市的精神文明志愿服务充分体现了志愿服务在乡土中作用的发挥，有着浓浓的乡土气息。现阶段，我国城乡还有着较大的差距，城市里的基本公共服务设施相对完善，而农村的设施则较为薄弱。志愿服务从自发的角度，以"自己的家乡自己建"的情怀，修葺村里的公共设施，营造美好的生活环境。人们对美好生活需要的向往是我国新时代的奋斗目标，精神文明志愿服务着眼于对美好生活的追求，结合了农村的乡土特征，以最朴素的乡土性走向对美好乡村的追求。

第三，志愿服务组织的社区性。邻里守望相助是中华民族的传统美德，从关注身边的人出发,志愿服务从身边做起,能够营造一个温情脉脉的、有人情味的社区。志愿服务是从"小家"到"大家"的转换,从仅仅关注自身到关注身边的人和事,逐步营造一个共同体。从乡村来讲,这种共同体是自然而然形成的,对于彼此的熟悉,使得精神文明实践更加贴近彼此的生活。从扶余农民志愿服务实践案例上看,志愿服务的实践不局限于以亲缘、血缘关系等形成的纽带,而是拓展到对不同人群的关注和支持。志愿服务实践不仅仅关注人们思想上、精神上的追求,而是从基本需要出发,关注到困难群体的基本需要。

扶余市农民志愿者志愿服务体现志愿服务的最淳朴、最本质的精神,是对他人的奉献和关怀,也有较强的本土性、乡土性和社区性。从个人出发、从身边出发、从社区出发,往往能把志愿服务落实到最有效的实质上。在我国新时代文明实践的四级体系中,志愿服务都有广阔的舞台,从服务于党和国家的中心工作,到关心群众身边的小事,都有着志愿者的身影。志愿服务需要进一步扩大朋友圈,社区中的志愿者骨干是该朋友圈中的关键主体,是塑造社区志愿氛围的重要推手。志愿服务也需要结合本土的特征,尤其是在村落中要充分结合村落的特征,突出乡土情怀,这是志愿服务与乡村本真性的最好结合。从自发自助的志愿服务出发,能够满足最真切的需要,同时也能够有效衔接我国不同层次的治理体系,进一步回应我国的治理需求。

从志愿服务的发展趋势来看,乡村的志愿服务也需要进一步地走向项目化和常态化。一方面,现有的志愿服务能够回应淳朴的需要,形成对村里弱势群体最基本需要的把握,并提供直接的帮助。在后续的精神文明实践开展中,志愿者对乡村社区不同群体的基本需要可以有更深入的分类,在新时代文明实践中设计一些相关的服务项目等;另一方面,志愿服务实践体现了志愿者的个人成长,在后续的服务实践中,可进一步推动志愿服务组织的能力提升等。志愿者协会要通过组织推动更多的志愿者参与,全面提升志愿服务的覆盖,以及对需要和问题的回应能力,并通过自发的志愿服务提供,进一步融入新时代文明实践中,在"最后一公里"完成更美好的乡村文明相遇。

(点评专家:黄晓星,厦门大学社会与人类学院教授,博士生导师,国家"万人计划"青年拔尖人才)

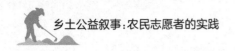

专家点评二：激活道德化的利他传统，志愿服务助力基层社会治理

现代志愿服务的发展已经成为人类社会进步的重要标识。在由个体性道德实践向组织化理性行为的转型过程中，一方面，志愿服务的组织化过程要求其必须追寻理性化、制度化的效率目标；另一方面，志愿服务作为一种自愿性、公益性行为，要始终坚持道德传统和利他目标。双重目标构成现代志愿服务发展的重要张力。在现代社会，以公共利益为核心的社会利益最大化是公共管理的重要目标，从而对志愿服务配置社会资源的效率要求逐渐提高。现代志愿服务组织的效率诉求期待其在配置资源过程中，以最少的投入获得最大的产出。在这种背景下，组织化、制度化和体系化的志愿服务活动逐渐成为主流。志愿服务的本质面貌已经超越单纯仁爱的、富有同情感的个人利他实践，逐步转向高度理性的社会治理技术。志愿服务在此过程中开始呈现出主观性和客观性、个体性和社会性相统合的面貌特征。这也带来利他互助的传统道德精神与理性计算的商品市场体系之间的冲突。在中国志愿服务本土化进程中，推动志愿服务有效融入基层社会治理是化解这一冲突的重要路径。在吉林省扶余市，由3 600名志愿者组成的以农民为主体的"扶余市精神文明志愿者协会"以"弘扬中华文化、培养传统美德、助推精神文明、共建美丽家园"为宗旨，立足本乡村庄，发挥乡贤的带头作用，探索出了一条以"村容整洁、邻里守望、乡风文明"为乡土志愿服务模式。

在全面小康和乡村振兴过程中，志愿服务组织是一股重要力量。扶余市精神文明志愿者协会在当地发挥着道德教化、扶危济困、矛盾调解与社会整合等多重功能。以扶余市肖家乡王家村农民张利等人为代表的乡贤，坚持20多年义务宣讲党的方针政策，结合当地案例宣讲《弟子规》《大学》《论语》《孝经》等中华传统文化典籍。在他们的努力下，恶人向善、赌徒悔改的故事让我们看到志愿服务在增进社会和谐、促进乡村文明中发挥着重要作用。在扶余志愿服务的乡土实践中,从"学雷锋服务队"到"扶余市精神文明志愿者协会",虽然志愿者没有工资,又无补助,还经常捐款捐物义务奉献,但大家热情不减,且参与者的人数越来越多,从坚持了 20 多年的饭班子、围纱巾的瓦工队和心灵手巧的园艺师的活动可见一斑。乡土公益的扶余叙事透视出,基层能够通过积极动员志愿者参与社区治理,在一定程度上化解治理中的"弱参与困境"。

从西方现代志愿服务转型进程看,志愿组织的效率机制和利他传统之间存在一定张力。但扶余的探索模式揭示出,在中国本土志愿服务情景下,道德化的利他传统可能是效率机制的保证,前者为后者的实现提供了合法性保障,这也是中国特色志愿服务的重要体现。吉林省扶余市乡土志愿服务模式的实践为我们描画出志愿服务参与基层治理、助力乡村振兴的广阔前景。

(点评专家:王庆明,南开大学周恩来政府管理学院社会学系教授、博士生导师,南开大学中国社区建设研究中心执行主任)

专家点评三:以"草根"智慧推动农村志愿服务发展

党的十九届四中全会对推进国家治理体系和治理能力现代化作出了重大战略部署,指出要"健全志愿服务体系"。城乡基层志愿服务是志愿服务体系的重要组成部分,基层志愿服务者也是构建基层治理现代化体系"五社联动"的重要主体。然而与城市志愿者相比,农村志愿服务一直被学界和实践所忽略。许多涉及农村志愿活动的人员都是外援式的志愿者。而实际上发现、培养和扶持农村基层内生的志愿者对于提升农村治理现代化水平,弥补农村多元化治理主体不足的问题,具有重要意义。

芦恒教授带领研究团队通过广泛深入的调研发现,一些地方的农民已经在自发实践中发展出自己的志愿者队伍,并探索出独具特色的工作路径和模式。令人印象深刻的是,本书所呈现的形式多样的农民志愿者自创乡土公益文艺作品,也是其特色工作办法的集中体现。这些文艺作品在宣传和推动志愿服务工作中发挥了积极作用。

首先,将志愿服务理念与中国传统文化美德相结合,既增强了志愿服务活动本身的文化合法性,也借助传统文化的生命力,提升了动员志愿服务的有效性。例如,"为往圣、继绝学、心真诚、情炽热、仁义礼智、温良恭俭、知荣明耻、扬善抑恶"既是中华民族的传统美德,也是一名志愿服务者的行为准则。

其次,本书收录的歌曲、三句半、快板、诗歌、散文、秧歌调等多样化的形式,生动地赞扬了志愿者、动员了广大群众,集中展示了官方的宣传动员之外的民间智慧。例如,套用流行歌曲进行二次创作的《小村美》《我的家乡变了样》,采用"三句半"这种人民群众喜闻乐见的曲艺形式创作的《美丽家园自己建》等,诙谐有趣、生动活泼,活灵活现地表扬好人好事,极大宣传了志愿服务精神。

最后,从细微处入手,以正确的价值观和行为导向,为动员更广泛的志愿者队伍奠定基础。在这些乡土文艺作品中,可以突出地感受其歌唱的很多活动都是老百姓身边的点滴小事。例如尊老爱幼、邻里和睦、互相帮助等。但正是这些从日常美德的培养出发的小事,才能更加深入人心地培育志愿服务的意识。

中国文化一直有仁者爱人、互帮互助的传统。在乡土熟人社会中远亲近邻、守望相助也是被共同认可的行为准则。因此在农村开展志愿服务有较好的基础,关键在于如何在"健全志愿服务体系"的全国性战略下,找到更适合乡土的、更接地气的工作方式。从本书的研究可以看出,农村基层已经出现了很多自发性的探索,这些创新值得珍视,也有助于一支更加庞大、稳定和有效的农村基层志愿服务队伍的形成。

(点评专家:吴莹,中国社会科学院社会发展战略研究院副研究员,社会治理研究室副主任,国家"万人计划"青年拔尖人才)

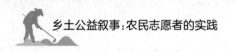

专家点评四：邻里守望相助中的情理逻辑

在中国乡村，最常见的居住形态莫过于聚族而居和聚落而居，前者是以血缘为纽带，后者则是以地缘为纽带。对于东北的乡村而言，由于历史移民等，村庄更多的是杂姓村庄，乡民们也多是基于"不流动"长期居住在一起而形成了熟人社会。乡民彼此熟悉，并在一家有困难的时候，邻里们不吝相助，这亦构成了邻里间守望相助的常态。扶余市精神文明志愿者的公益行为大多是此类相助的典型。

志愿者的帮扶不仅为当事人家庭提供了物质上的救济与帮助，更为关键的是令这些家庭感受到来自乡邻关照的温暖，这会大大强化他们对社区内部共同体的认同。正是因为这种共同体认同的形成，当这些家庭一旦走出低谷，就会积极地投入社区互助帮扶的队伍。也恰恰因为这种内部认同的形成，使得社区内部的精神气质发生改变，社区成员的精神风貌随之发生改变。不敬老不孝老、打架斗殴、赌博酗酒等现象将随之减少直至消失，村民积极参与村庄公益成为常态。这一乡土公益的典型充分体现了，乡村邻里守望相助的情理逻辑是由个体志愿者孕育，进而扩展到社区，形塑社区精神气质，最终改变社区治理形态的。

（点评专家：狄金华，华中科技大学社会学院暨中国乡村治理研究中心教授，国家"万人计划"哲学社会科学领军人才）

专家点评五：志愿行动的社群基础

促进志愿者队伍发展，首先我们要探究关于志愿动机的问题，即人们缘何愿意参与志愿活动。知识界对此提出了多种相互竞争，同时又相互补充的解释。如价值认同说、个体体验说、拓展视界说等。然而，细细品读这些解释，我们则会发现既有研究更多趋向于从个体主义的视角，阐发个体化时代人们如何在价值性、认同性、体验性乃至利益性等动机驱使下参与志愿服务。

毫无疑问，这种个体主义解释之所以广为流传具有深厚的社会基础。现代社会以高度的流动性、陌生人社会为表征，个体更多面对的是一般化的他者，公共责任和公共参与在多数常规场景下，并不具有强制约束力。人们之所以参与志愿活动，其动力或来源于主观的价值追索，或源于对物质与体验收益的追求。以此角度看待志愿动机的话，激发志愿精神的路径大体在于，加大对物质主义个体价值追索的教育、倡导和个体觉醒，或持续优化志愿活动的体验感，增强志愿黏性，尤其是对"活跃志愿者"的持续激励。不可否认，志愿价值教育和志愿体验，也是驱动志愿服务拓展和精细化的重要动力。然而，若研究者仅仅秉持个体主义的解释视角，则无疑会限制我们对公共精神的想象，志愿精神的涵育亦仅仅囿于志愿者群体的小圈层。

回到社区、社区的基本生活场景，我们或许会发现志愿精神及公共精神的另外一种可能。即，积极的社区公民伦理和美好健康的社区生活，如何成为社区成员所共同珍视和维护的"公共性"？这种"公共性"根植于社区中的个体身心、家庭生活和社区联系。在社群性的志愿精神视域下，从事志愿服务的人，首先是正心诚意、修身齐家的"成功者"，并且这种植根于儒家传统的文化规范，延伸至乡里和社群层面，社区被建构成扩大的家庭和家园。当经年累月的濡化，将这种社群意识植根于每个个体心灵，并且成为一种强烈的社群意识，便具有了涂尔干所言"社会事实"的力量。个体修养、家庭和谐、社区（社群）美好，逐渐成为规范社会生活的"新礼俗"。因其产生的积极感、和谐感、美感成为一种习

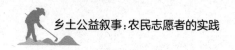

惯，便成为支撑志愿精神的社群基础。

社群性的志愿精神是一种集体精神、集体意识。不同于个体主义的想象，社群性的志愿精神因其持久，不断深化，经久不息。其回应的不仅是价值和体验的求索，更是与高尚个体、和美家庭和美好社区等一起形成了在生活世界中"常在"又"实在"的精神-物质建构。在这里，志愿乃是基于对个体生命与社会生活的自觉，是人的现代生活想象的具象化、本土化表达。因此，社群性志愿服务更体现为一种生命力旺盛的可选模式与路径。

（点评专家：吕方，华中师范大学社会学院教授，华中师范大学"桂子青年学者"）

专家点评六：志愿服务助力乡风 文明和社区治理创新

志愿服务是对中国传统文化的传承和中国传统美德的弘扬，是现代社会文明程度的重要标志。扶余市的农民志愿服务一开始是农民自发的，后来得到当地党委政府的大力支持，在助力乡风文明和创新社区治理方面取得了显著成效。从这一案例中，我们不难总结出以下三个方面：

第一，社区是志愿服务的阵地，在新时代乡风文明建设和社区治理创新中大有可为。党的十八大以来，我国的志愿服务受到党和国家的高度重视，呈现出快速发展的趋势，现已成为中国特色社会主义建设的重要组成部分。社区是志愿服务的重要阵地。乡村振兴战略中关于乡风文明、治理有效的总要求，既对农村社区志愿服务的发展提出新的要求，也指明了发展方向。从扶余市的农民志愿服务来看，在乡贤的带动下，农民自发解决社区问题、丰富社区文化、推动社区发展。尤其是在扶助困难群众、促进邻里相助、助推环境治理、推动伦理道德教育等方面发挥了重要作用。此类乡村社区志愿服务既引领了乡风文明的新时尚，又促发了社区治理的新机制。

第二，志愿服务的发展有赖于党建引领的核心作用，重点是要完善志愿服务制度和工作体系。党建引领是我国社会治理的本质特征，是发挥治理效能的重要保证，也是志愿服务的基本前提。党建引领志愿服务，可以进一步明确志愿服务的目标、内容和标准，规范志愿服务的行为准则，提高志愿服务组织的管理和服务水平；提高志愿服务组织的组织能力、宣传能力和服务能力，为社会提供更高质量、更有效率的服务。在扶余市农民志愿服务案例中，成立了扶余市精神文明志愿者协会，把农民志愿者吸收为会员，完善了志愿服务制度和工作体系，充分凝聚了正能量。

第三，志愿服务效果的有效发挥需要强化"五社联动"机制。近5年来，政府强调创新社区与社会组织、社会工作者、社区志愿者、社会慈善资源的联动机制，完善社会力量参与基层治理。在扶余市的案例中，乡土公益今后还要以"五社联动"机制为抓手，让乡村社区充分发挥志愿服务平台搭建的作用，让社会工作者的专业优势为志愿服务提供支撑，继续以乡土社会组织作为志愿服务的载体，激活社会慈善资源。在"五社联动"机制下，社区志愿服务需要进一步细化社区服务需求、整合社区服务目标、打造社区服务平台、培育社区服务团队，让社区志愿服务品牌化、长效化、制度化。

（点评专家：黄锐，华东理工大学社会工作与社会政策研究院副院长，副教授）

附录一:中共扶余县委关于成立扶余县精神文明志愿者协会的批复

中共扶余县县委宣传部:

你部关于成立《扶余县精神文明志愿者协会的报告》及相关材料收悉。经县委研究,同意成立扶余县精神文明志愿者协会,由你部代管。精神文明志愿者协会成立后,要自觉遵守国家有关法律法规和协会章程开展活动;要以"弘扬中华文化,培养传统美德,助推精神文明,共享幸福人生"为宗旨;要以"团结、互助、共建、奉献"为精神;要以培树"社会公德、职业道德、家庭美德、个人品德"为目标;要以"构建文明扶余、和谐扶余、富裕扶余"为愿景,为促进我县精神文明建设做出应有的贡献。

特此批复。

中共扶余县委员会

2011 年 4 月 18 日

附录二：扶余市精神文明志愿者协会章程

第一章 总 则

第一条 扶余市精神文明志愿者协会（以下简称协会）是公民自愿参加的从事精神文明活动的非营利性群众组织。

第二条 本协会以社会主义核心价值体系为指导，以加强群众工作、创新社会治理、构建和谐社会为目标，以弘扬中华文化、培养传统美德、助推精神文明、共建幸福家园为宗旨，以"团结、互助、奉献、共建"为精神，以培树"社会公德、职业道德、家庭美德、个人品德"为重点，团结一切可以团结的社会力量，调动一切可以调动的积极因素，大力促进社会主义精神文明建设，为构建文明扶余、和谐扶余、美丽扶余、富裕扶余提供精神动力和智力支持。

第三条 本协会遵守中华人民共和国宪法、法律、法规。

第四条 本协会接受市委宣传部和市民政局的指导和监督。

第五条 本协会驻扶余市三岔河镇。

第二章 工作范围

第六条 本协会工作范围。

（1）宣讲社会主义核心价值体系，引导人们爱党、爱国、爱家；讲文明、讲礼貌、讲卫生、讲秩序、讲道德；说文明话，办文明事，做文明人。

（2）宣讲党的宪法、法律、法规，引导人们遵纪守法，照规办事。

（3）宣讲中华优秀传统文化，引导人们常思"孝悌忠信"，常温"礼义廉耻"，奉行君子之道、礼仪之道，做到"己所不欲，勿施于人"，努力营造幸福家园，积极构建和谐社会。

（4）举办群众性文艺体育活动，寓教于乐，引导人们增强体质，增进团结，树立集体主义观念，做到互敬互爱、互帮互助。

(5)组织植树、栽花、修路、安灯、清理环境卫生等公益劳动,引导人们积极参与和美乡村建设,主动实施乡村振兴战略,为建设文明、和谐、美丽、富裕的新扶余贡献力量。

第三章　会　员

第七条　会员条件:

(1)年满 16 周岁以上的公民;

(2)不违法,不违纪;

(3)志愿说文明话、办文明事、做文明人;

(4)志愿从事各项公益活动;

(5)承认并遵守本协会章程。

第八条　凡有意加入本协会的公民,可向本协会提交入会申请书,经理事会讨论通过后,即可成为本协会会员。

第九条　会员权利:

(1)选举权和被选举权;

(2)策划和参与本协会的公益活动;

(3)监督本协会工作,对本协会提出批评和建议;

(4)优先获得本协会提供的服务;

(5)入会与退会自由。

第十条　会员义务:

(1)遵守本协会章程,执行本协会决议,响应本协会号召;

(2)崇尚精神文明,积极参与本协会组织的各种文明活动和各项公益劳动,认真完成本协会交办的工作任务;

(3)严格约束自己的言行,自觉维护本协会及个人的文明形象,以高尚的情操和良好的言行带动影响周围的人。

第四章　组织机构及其职责

第十一条　本协会设有全体会员会议和理事会议,依照有关法律、法规及本协会章程开展公益活动。

第十二条　本协会最高权力机构为全体会员大会,会员大会由全体会员组成。会员达到 100 人以上时，每 10 名会员中选举产生 1 名会员代表参加会员代表大会。会员代表大会可以履行会员大会职权。会员代表任期 5 年，可以连选连任。全体会员大会每 5 年举行 1 次，特殊情况可以经理事会研究决定提前或延期举行。

第十三条　全体会员大会的职责：

（1）制定、修改本协会章程；

（2）审议理事会的工作报告；

（3）选举和罢免理事；

（4）决定本协会的终止事项及其他重大事项。

第十四条　全体会员大会须三分之二以上会员代表出席才能召开，其决议须经到会会员代表半数以上通过才能生效。

第十五条　全体会员大会闭幕期间，由理事会行使全体会员大会决议，理事会由会员代表大会采取民主协商方式推举产生，每届任期五年。

第十六条　理事会由会长、副会长、秘书长、副秘书长、理事组成。

第十七条　理事会职责：

（1）制订年度工作计划；

（2）执行全体会员大会决议；

（3）规定各部门的职责并安排相关任务；

（4）决定会员的吸收或除名；

（5）在本协会全体会员大会闭幕期间，负责本协会重大事项的决策和重要工作协调。

第十八条　理事会须有三分之二以上人员出席方能召开，其决议须有三分之二以上的人员表决通过才能生效。

第十九条　本协会实行会长办公会制度，会长办公会由会长、副会长、秘书长、副秘书长组成，负责日常管理等工作。

第二十条　本协会对有突出贡献的会员，经理事会研究可授予荣誉会长等荣誉职位。

第二十一条　会长职责：

（1）全面主持本协会工作；

（2）召集和主持会长办公会、理事会；

（3）组织召开全体会员大会；

（4）代表本协会签署有关重要文件；

（5）对外代表协会。

第二十二条　副会长职责：

（1）副会长对会长负责；

（2）对所分管的工作负总责；

（3）协调、指导分管机构做好工作；

（4）完成会长交办的工作任务。

第二十三条　秘书长职责：

（1）对会长、副会长负责，负责对年度工作计划的实施与调度；

（2）协调、指导各分支机构的工作；

（3）负责各种会务及大型活动的组织与协调。

第二十四条　副秘书长职责：

（1）对秘书长负责，

（2）协助秘书长组织协调协会日常各项工作。

第五章　附　则

第二十五条　新《章程》自 2018 年 1 月 22 日第二届第一次理事会表决通过后生效。

第二十六条　本《章程》解释权归扶余市精神文明志愿者协会理事会。

后记一

　　我是在 2015 年带领社会学系本科生团队准备"挑战杯"全国大学生课外学术科技作品竞赛的时候,通过吉林大学姚毓春教授的介绍,与当时扶余市精神文明志愿者协会董桂芬会长取得联系的。她热情邀请了我们团队去扶余开展调研。我当时也见到了创始人之一的张利老师。他非常和善,带我们去肖家乡王家村文化大院观看农民志愿者的一个绝活:30 人集体背诵《道德经》。当时我就被他们整齐划一,流利背诵《道德经》的场面震撼到了。我们随后又在现任会长刘明志家中对志愿者做了调研。当时农民志愿者们在他家炕上填写问卷的认真模样,至今历历在目。我在后续的调研中又带领本科学生参加了农民志愿者为扶余市公园义务栽种树木的活动,亲眼见到农民自发做公益活动时的热火朝天、干劲十足的场面,也被志愿者的精神面貌所感动。再后来,我在副院长的岗位上因忙于处理学院一些事务,减少了去扶余调研的次数。到了 2019 年 5 月,我得知创始人张利老师因病去世的消息后,无比悲痛。以前我与他进行交谈,欣赏他自创诗歌的场面不断出现在脑海里。同时,一种自责没有及时收集志愿者资料的愧疚感油然而生。我愧疚自己没有及时跟进访谈和进一步研究张利老师。于是,我决心持续跟进这一农民志愿者群体,并萌生编辑他们自述材料并出版成书的想法。后来我找到荣誉会长董桂芬,提出我的想法。她和刘明志会长等志愿者协会的志愿者都十分支持我的想法。他们之前也自发将平时开展的道德宣讲课上农民志愿者的口述收集成册,但没有正式出版。在此基础上,他们又找来一些志愿者进行口述整理成文字,后来又收集了一些自创的文艺作品,最后都收入书中。

　　经过一年多的准备,在本书付梓之际。首先,我要感谢扶余市精神文明志愿者协会董桂芬荣誉会长和刘明志会长,以及全体志愿者 8 年来对我们研究给予的大力支持。我们从研究关系变成了朋友关系。我也从他们身上感受到了中国农民朴实无华,但又富有家国情怀的精神内核,也学习到了农民身上体现出的坚韧性。其次,感谢扶余市委杜彬书记,以及市委宣传部对于我们调研工作提供的便利和大力支持;感谢在吉林省乡村田野调研中给予我指导的吉林大学经济学院姚毓春教授,行政学院丁建彪教授、赫泉玲副教授,与他们的讨论,让我真正体会到社会学研究不同于其他学科的独特之处;感谢中国社会科学院社会学研究所副所长王春光研究员提出的县域社会学研究框架,启发我对县域志愿服务体系进行深入研究;感谢中国社会科学院社会发展战略研究院志愿服务研究室主任田丰研究员,中国社会科学院社会学研究所经济与科技社会学研究室主任吕鹏研究员,广东省社工与志愿者合作促进会荣誉会长谭建光教授,与他们的交流让我获得诸多志愿服务研究的灵感;感谢老同学戴华森,以及浙江省丽水市青田县温溪片区组团发展管委会领导给予的大力支持,让我在与浙江农村的对比研究中深感中国乡村研究带来的巨大魅力。再次,感谢厦门大学社会与人类学院黄晓星,南开大学周恩来政府管理学院王庆明,中国社会科学院社会发展战略研究院吴莹,华中科技大学社会学院暨中国乡村治理研究中心狄金华,华中师范大学社会学院吕方,华东理工大学社会工作与社会政策研究院黄锐等国内中青年知名学者,他们在百忙之中为本书撰写短评,从不同角度诠释了扶余案例对于深入分析乡村振兴内生动力的理论和实践意义。感谢我的导师,吉林大学哲学社会学院田毅鹏教授对我在研究上的鼓励和鞭策。他也曾经去张利老师所在的肖家乡王家村调研过。为此,他在该书编撰过程中无数次和我讨论,并提出建设性意见。同时,我还要感谢经常与我进行跨学科讨论的哲学系曲红梅教授。她在担任我院副院长时,与我相邻工作。从事伦理学研究的她经常和我讨论伦理的哲学内涵,并建议我阅读著名乡村伦理研究学者王露璐教授的研究,为我思考农民志愿者行为背后的存在论和现象学意义带来很大的启发。最后,感谢我的家人在背后的默默付出,才让我专心投身于研究事业之中。

芦恒

2023 年 6 月 20 日于吉林大学东荣大厦

后记二

我们扶余市精神文明志愿者协会于 2011 年 5 月成立。自协会成立以来，我就认真积累志愿者志愿服务方面的事迹和资料。随着时间的推移和资料的日益丰富，我的内心深处产生了一个强烈的愿望：在适当的时候，将这些资料整理成册，把农民做好事的事迹弘扬开来。因为，这些好人太难得了！这些好人的精神境界太宝贵了！他们自觉地、努力地配合当地党组织建设和美、和乐、和谐的新时代乡村，并且坚持数年，收到成效。这些好人做的这些事利党、利国、利民、利己。这支农民志愿者队伍是名副其实的自我教育、自我管理、自我服务、自我监督的典型。他们用行动落实社会主义核心价值观，用心灵传承中华文明，用事实告诉人们应该怎样做人做事，怎样爱党、爱国、爱家。如果把这些好人的事迹和做法编辑成册，让更多的人看到，会引领广大农民主动建设和美乡村，会带动更多的人向上向善，无私奉献。如果中国的农民都能这样做，我们的乡村会迅速振兴！如果我们每个中国人都能发扬这种精神，我们中华民族会更加强盛！基于这一认知，我不失时机地搜集、整理、积累志愿者志愿服务的资料，期待有一天实现这个愿望。

今天，我的这个愿望终于实现了！望着眼前的书稿，我的内心无比激动。翻阅书稿内容，我的心久久不能平静。许多往事像电影一样，在我的脑海里一幕一幕地闪现。此刻，我特别感激吉林大学哲学社会学院副院长芦恒教授。因为，是这位年轻的学者在吉林省委宣传部 2015 年组织的志愿服务论坛上了解到我们扶余市精神文明志愿者的事迹后，慧眼识珠，认识到这些人精神境界的宝贵，看到这支队伍的重要社会价值，不辞辛苦，跟踪观察。8 年来，他坚持浏览扶余市精神文明志愿者协会工作群和公众号，悉心积累志愿者志愿服务方面的资料。他多次深入扶余农村，与志愿者面对面地座谈；采取问卷调查等多种方式，深入了解志愿者们的思想和行动，经过反复思考后撰写了多篇论文，深入分析农民志愿者在加强农村基层社会治理中的重要作用。在此基础上，他提出编辑出版《乡土公益叙事：农民志愿者的实践》一书，要将扶余市精神文明志愿者的事迹和做法弘扬到全国乃至世界。经过他的多方协调，此事最终成真！说实话，没有芦恒教授的高瞻远瞩，没有他执笔写作与编辑，我内心深处将志愿者事迹整理成册的愿望，可能永远只是一个美丽的梦想。同时，我也非常感谢扶余市委市政府的各届领导和市委宣传部、市委政法委、市妇联以及市电视台、吉林日报等各界干部和工作人员。没有他们对志愿服务工作的高度重视与支持，没有他们的关心、关爱与关照，这支队伍很难走到今天。我更感激坚持数十年围绕改善村庄环境、守望关爱邻里、传承传统美德开展志愿服务的精神文明志愿者们。没有他们大爱无疆、不辞劳苦、无怨无悔、坚定不移、坚持不懈的无私奉献，何来这一切！

我们扶余市的精神文明志愿者几乎都是普普通通的农民。他们做的这些事，都是身边的、力所能及的小事、实事、平凡事，完全可以复制。我真诚地希望乡（镇）村干部和广大农民朋友发扬他们的精神，效仿他们的做法，把自己所在的乡（镇）村建设得和美、和乐、和谐，为振兴乡村、早日过上自己向往的幸福生活贡献力量！

董桂芬

2023 年 6 月 30 日于扶余